AF313991

ÉTUDE

SUR LES

PRINCIPES GÉNÉRAUX

DE

L'INTERPRÉTATION DES LOIS

ET SPÉCIALEMENT

DU CODE NAPOLÉON —

PAR

Charles BROCHER

Docteur et professeur en droit, membre de la Cour de cassation du canton
de Genève.

PARIS

ERNEST THORIN, ÉDITEUR

7, RUE DE MÉDICIS, 7

—

1870

ÉTUDE

SUR

LES PRINCIPES GÉNÉRAUX

DE

L'INTERPRÉTATION DES LOIS

et spécialement

DU CODE CIVIL FRANÇAIS

ÉTUDE

SUR LES

PRINCIPES GÉNÉRAUX

DE

L'INTERPRÉTATION DES LOIS

ET SPÉCIALEMENT

DU CODE NAPOLÉON

PAR

Charles BROCHER

Docteur et professeur en droit, membre de la Cour de cassation du canton
de Genève.

PARIS

ERNEST THORIN, ÉDITEUR

7, RUE DE MÉDICIS, 7

—

1870

TOULOUSE, IMP. DE A. CHAUVIN ET FILS, RUE MIREPOIX, 3.

INTRODUCTION.

On entend généralement par droit naturel ou par philosophie du droit, l'ensemble des règles dont la raison spéculative indique l'observation comme nécessaire au maintien et au développement de l'ordre social. Ces règles, comme celles de la morale, puisent dans la conscience leur point de départ et le principe de leur autorité.

Le droit positif de chaque nation se compose de l'ensemble des règles reconnues et sanctionnées par l'autorité suprême de l'État comme devant régir d'une manière absolue, en recourant au besoin à la contrainte, les membres de la société qui lui est soumise.

Ces règles reçoivent assez généralement le titre générique de lois ; elles se subdivisent en lois constitutionnelles, lois proprement dites, et règlements ou ordonnances.

La loi est donc l'expression de la volonté suprême qui domine dans chaque État.

Elle doit, comme expression de cette volonté, s'interpréter et recevoir son application dans le sens que son auteur a voulu lui donner.

L'interprétation authentique, émanant du Législateur lui-même, paraît, au premier abord, la plus naturelle et la plus sûre.

Malgré ces apparences, l'expérience et le raisonnement ont démontré le grand avantage, et presque la nécessité constitutionnelle, de ne point confier au Législateur lui-même l'application et l'interprétation des lois.

C'est au pouvoir judiciaire que le Code civil français confie ces fonctions importantes.

L'art. 4 impose au juge l'obligation de statuer sur toutes les contestations qui lui sont soumises.

L'art. 5, de son côté, prend les mesures nécessaires pour que le juge ne puisse pas empiéter sur les fonctions législatives, en statuant par voie de disposition générale et réglementaire.

C'est donc une volonté étrangère que le juge est chargé de constater, d'interpréter et de faire respecter.

L'art. 4, cité ci-dessus, lui impose même l'obligation de suppléer au silence de cette volonté, quand il est nécessaire de le faire, pour arriver à une solution de la contestation sur laquelle il est appelé à statuer.

L'ensemble des décisions judiciaires constitue ce que l'on appelle dans un sens restreint, la jurisprudence. Cette jurisprudence indique de quelle manière chaque question controversée a été précédemment résolue, et peut fournir de précieux documents pour toute contestation présente ou future.

Le juge est dirigé dans son travail par la doctrine ou science du jurisconsulte, qui, elle aussi, cherche à constater la volonté du Législateur, à l'interpréter et à suppléer aux lacunes qui peuvent se trouver dans ses manifestations explicites.

La doctrine et la jurisprudence reposent sur les mêmes principes, et puisent aux mêmes sources leurs moyens de conviction ; elles ne diffèrent que dans leur application et dans le but immédiat qu'elles se proposent. Elles doivent nécessairement chercher à s'appuyer l'une sur l'autre, et chacune d'elles ne peut ignorer les décisions de l'autre, sans se priver d'une source importante de connaissances.

Ces deux activités, l'une purement scientifique, l'autre, à la fois scientifique et judiciaire, se ma-

nifestent par de volumineux documents, dont l'é-
tude est indispensable au jurisconsulte, quel que
soit d'ailleurs le but immédiat qu'il se propose.

On s'est demandé s'il n'était pas possible de découvrir sous ces documents volumineux, où les arguments s'entassent les uns sur les autres pour
s'appuyer ou pour se combattre, un certain nombre
de règles ou de principes supérieurs, devant servir
à justifier ou à contrôler ces arguments, qui n'ont
en définitive pour but que de constater le sens et
la portée de la loi.

Si ces règles et ces principes existent et qu'il soit
possible de les dégager des nombreux documents
sous lesquels ils sont enfouis, il y a certainement
un grand avantage à se livrer à ce travail.

Ces règles, une fois constatées, pourront constituer, dans une certaine mesure en ce qui concerne l'interprétation des lois, une logique spéciale
destinée à servir de guide dans l'examen des nombreux documents de doctrine et de jurisprudence
et dans l'étude des questions nouvelles qui se présentent incessamment.

La question a été dès longtemps résolue affirmativement ; il existe une branche de science tout particulièrement consacrée à l'interprétation des lois.

Cette science a reçu d'assez grands développements, se rapportant principalement au droit romain qui, par son importance et la généralité de ses applications, a dû nécessairement attirer principalement l'attention.

Elle est aussi représentée convenablement en droit français moderne, où l'on peut citer avantageusement les travaux de MM. Mailher de Chassat, *Traité de l'interprétation des lois*, de Saint-Albin, *Logique judiciaire*, et Delisle, *Principes de l'interprétation des lois, des actes, des conventions*, etc.

Malgré le mérite incontestable des ouvrages qui ont paru sur ce sujet, je crois que le travail que je présente aujourd'hui pourra n'être pas sans quelque utilité[1].

Ces ouvrages sont, en général, presque exclusivement consacrés au droit romain ou aux anciennes législations.

[1] Les ouvrages qui ont paru sur l'interprétation du droit romain sont fort nombreux. J'indiquerai principalement le petit traité de M. Thibaut, *Theorie der logischen Auslegung*, et les pages consacrées à ce sujet par M. de Savigny, dans son grand ouvrage sur le système du droit romain. M. Zachariæ, bien connu en France par son ouvrage sur le Code civil, a aussi publié sur ce sujet un traité où l'on regrette de ne pas trouver plus de développements, *Versuch einer allgemeinen Hermeneutik*. Quant aux autres ouvrages, se rapportant à ce genre d'étude, je les citerai lorsque l'occasion s'en présentera.

Cette observation peut s'appliquer dans une certaine mesure au traité de M. Mailher de Chassat, ouvrage très-savant, mais qui paraît trop exclusivement puisé dans l'ancien droit et où l'ancienne dialectique paraît prédominer d'une manière trop exclusive.

L'ouvrage de M. de Saint-Albin est trop succinct sur le sujet spécial qui fait l'objet de ces études. Il se place d'ailleurs à un point de vue beaucoup plus général que je ne me propose de le faire.

Quant aux deux volumes de M. Delisle, ils se distinguent par beaucoup de science et contiennent un grand nombre d'exemples renfermant la solution de questions très-importantes. Cet ouvrage m'a été fort utile et sera d'un grand secours à quiconque voudra faire de ce sujet une étude approfondie. Il fournit au praticien la solution d'une foule de questions difficiles et importantes qui s'élèvent, non-seulement sur l'interprétation des lois et des actes, mais encore sur les conflits de législations diverses et de lois se succédant les unes aux autres. Mais il est très-volumineux et la grande multitude d'exemples qu'il cite peut quelquefois empêcher de saisir facilement la suite logique des idées théoriques. L'importance des questions spéciales y paraît prédominer sur celle des principes dirigeants qui doivent présider à l'interprétation.

Je pense, en conséquence, qu'une étude plus condensée, plus systématisée et principalement destinée à faire ressortir le mécanisme de chaque genre d'arguments et la liaison logique des idées, peut encore être de quelque utilité. Je me place d'ailleurs à un autre point de vue qui m'amène à restreindre considérablement le champ de ces études, destinées aux étudiants et aux jeunes avocats, plus qu'aux praticiens trop absorbés par les affaires. J'ai voulu faire avant tout de ce travail un bon exercice intellectuel, et j'ai cru devoir le resserrer dans les limites de ce qui paraît le plus essentiel en vue du but que je me propose. Je ne citerai des exemples que pour éclaircir les idées et leur servir de justification. Il en pourra résulter que les questions spéciales que nous exposerons seront examinées principalement en vue de tel mode d'interprétation et non pas toujours d'une manière complète.

Les principes de l'interprétation sont à peu près les mêmes, soit qu'ils s'appliquent aux lois, soit qu'ils s'appliquent aux conventions particulières; mais il y a quelque avantage à se borner, dans un travail élémentaire, à l'interprétation des lois, parce que l'on peut alors s'appuyer sur des textes positifs bien connus, et dont l'interprétation est dans tous les cas indispensable, ou tout au moins d'une utilité plus générale.

Le moment paraît convenable pour se livrer à un pareil travail ; d'une part, les nombreux documents dont se composent actuellement la doctrine et la jurisprudence fournissent de précieux matériaux ; d'autre part, plus s'augmente le nombre de ces documents, plus il est nécessaire de relever les études théoriques, d'en appeler aux principes et de lutter contre la tendance, malheureusement assez générale, d'accorder une trop grande importance aux arguments d'autorité.

Ce travail est en grande partie extrait d'un cours d'introduction générale à l'étude du droit civil que j'ai été récemment chargé de donner dans la Faculté de droit de Genève. — J'ai aussi très-largement puisé dans une dissertation que j'ai publiée, il y a déjà longtemps, pour solliciter le grade de docteur en droit, et qui avait pour titre : *Étude sur l'analogie en droit civil.*

Ce n'est pas l'œuvre d'un savant que je présente ici ; mais celle d'un praticien qui a conservé quelque goût pour l'étude. Je n'ai la prétention, ni de proposer quelque nouvelle méthode, ni même de formuler des règles d'une application rigoureuse et absolue. Je n'ai pas voulu faire autre chose que de mettre en lumière quelques principes dirigeants que chaque lecteur pourra soumettre au contrôle de sa propre expérience et de ses propres observations.

C'est comme un canevas que j'offre aux jeunes gens, en les invitant à y déposer, en le contrôlant et en le modifiant au besoin, les résultats de leurs études. Je m'estimerai heureux, si je peux ainsi, dans une certaine mesure, leur servir de guide, et leur faciliter les moyens d'arriver à une solide instruction, par l'habitude de se rendre compte de leurs convictions.

On a proposé d'admettre, pour l'interprétation des lois, diverses divisions tirées, soit des moyens sur lesquels elle s'appuie, soit des résultats auxquels elle conduit.

A ce dernier point de vue, on divise l'interprétation en déclarative, extensive et restrictive, suivant qu'elle se borne à exposer le sens qui paraît résulter du texte, qu'elle l'étend ou qu'elle le restreint.

Ce dernier principe de classification a moins d'importance que le premier, qui se base sur les éléments mêmes de ce genre d'étude. Nous devons par conséquent nous arrêter quelques instants à constater ces éléments, pour y puiser la division de ce travail.

La loi est l'expression de la pensée et de la volonté du Législateur ; elle est par conséquent soumise aux règles du langage. L'interprétation s'appuiera donc sur un *élément grammatical.*

Mais un champ d'études plus relevées s'ouvre devant nous. Les pensées ne naissent point au hasard ; elles naissent, s'engendrent, se succèdent, se développent ou se limitent réciproquement, suivant certaines lois dont la connaissance devient un puissant moyen d'interprétation.

« Chaque discours, dit Zachariæ [1], doit être interprété d'après les lois auxquelles est soumise l'intention de celui qui parle. Car, comme en général, l'intention de celui qui parle est le principe de l'interprétation, celle-ci doit se faire d'après les lois qui régissent celle-là. »

Ces lois se présentent, soit d'une manière absolue, en tant que lois de l'intelligence en général, soit d'une manière spéciale et relative, en tant que cette intelligence est soumise à l'influence d'un ensemble de faits et d'idées qui président à son action, ou qu'elle éprouve l'influence du sujet spécial dont elle s'occupe et des règles qui paraissent devoir régir ce sujet.

[1] *Versuch einer allgemeinen Hermeneutik des Rechts* §§ 15, 16, 46.

De là naissent, pour la théorie de l'interprétation des lois, trois nouveaux éléments que nous devons nous contenter d'énoncer ici, en quelques mots, sauf à les soumettre plus tard à un examen détaillé.

La loi n'est pas un fait isolé; elle se rattache à tout un passé et à tout un ensemble de circonstances qui ont plus ou moins agi sur elle, et peuvent en faire ressortir le sens; nous aurons donc un *élément historique*.

La loi, en tant que pensée, est soumise aux règles générales qui régissent l'intelligence, qui lient les pensées les unes aux autres, les font naître les unes des autres, les restreignent ou les étendent les unes par les autres; nous aurons donc un *élément systématique et logique*.

La loi a pour but de régler certains rapports, et de régir certaines institutions; la nature de ces rapports et de ces institutions et les exigences auxquelles ils sont soumis, ont dû influer plus ou moins sur ses décisions; nous aurons donc un *élément philosophique*.

Ces considérations, tirées de la nature des choses, nous fournissent pour ces études une division en quatre titres:

Je dois ajouter que j'aurai principalement en vue le droit civil, qui est de toutes les branches du droit celle qui sert généralement de base aux études ordinaires, celle qui a le plus d'importance pour la pratique des affaires, et celle où l'interprétation paraît pouvoir se développer le plus librement. Je m'arrêterai principalement à l'interprétation du Code civil français qui, malgré quelques modifications, forme encore la base de notre droit civil genevois.

Je m'efforcerai cependant, quand l'occasion s'en présentera, d'indiquer sommairement les différences de principes que la nature des choses peut faire admettre pour l'interprétation des autres branches du droit, et de faire ressortir les motifs de ces différences.

Je ne m'arrêterai pas ici à rechercher si le travail de l'interprète doit être considéré comme une science, ou comme un art; cette question se présente toujours plus ou moins quand il s'agit d'une branche d'étude qui doit aboutir à des résultats pratiques; mais elle n'a pas, suivant moi, une grande importance.

L'interprète, pas plus que le médecin, ne peut se passer d'un certain tact naturel propre à le diriger dans son travail et à lui faire souvent pressentir le résultat auquel une étude plus approfondie le conduit en définitive.

Quelle que soit l'opinion que l'on adopte à cet égard, l'on n'en doit pas moins affirmer qu'à facultés naturelles égales, le jurisconsulte qui aura soumis à l'étude les principes généraux de l'interprétation et des arguments judiciaires, aura quelque avantage sur celui qui ne se sera pas livré à un pareil travail. Il y gagnera dans tous les cas plus de facilité à se rendre compte de ses convictions, et par cela même il lui sera plus facile de justifier et de défendre sa manière de voir.

Dans chaque cas particulier, la force probante d'un argument invoqué sera plus sûrement appréciée et discutée quand on sera remonté au principe justificatif de cet argument, qu'on en aura suivi la marche dans un grand nombre d'exemples, qu'on aura constaté les chances d'erreur auxquelles il est exposé, et les conditions qu'il doit réaliser pour inspirer quelque confiance.

Il ne faut cependant pas perdre de vue qu'il s'agit ici d'une matière fort délicate, et que les principes généraux de l'interprétation, à l'étude desquels nous allons nous livrer, ne doivent être pris que comme principes dirigeants, et non comme formules mathématiques devant toujours conduire directement et sûrement au but désiré.

Ces divers principes sont souvent en lutte sur la

même question ; ils sont souvent d'une application plus ou moins complète, plus ou moins certaine ou plus ou moins problématique. Dans ces conflits et dans ces incertitudes, il ne faut jamais perdre de vue qu'il ne s'agit pas de se livrer à une joûte de dialectique, mais bien de reconnaître et de constater quel est véritablement le sens de la loi. C'est en pareille matière surtout qu'il ne faut pas oublier cette règle inscrite au Digeste : *De diversis regulis juris antiqui* (liv. L, titre 17, loi 1) : *Non ex regula jus sumatur : sed ex jure quod est, regula fiat.* Il faut, dans chaque question particulière, chercher à constater aussi sûrement que possible si le principe invoqué est réellement applicable et s'il n'est pas combattu par quelque autre principe d'une importance supérieure.

La première règle à énoncer à cet égard est qu'il ne faut avoir une confiance absolue en aucun de ces éléments d'interprétation, mais qu'il faut, sur chaque question, chercher à les contrôler les uns par les autres.

La vérité est une et ne se manifeste en général avec une pleine certitude que si tous les signes extérieurs auxquels on peut la reconnaître s'accordent à la constater.

Il serait difficile, et peut-être dangereux de cher-

cher à établir ici une graduation d'importance entre les divers éléments d'interprétation que nous
avons énumérés.

Il me semble cependant que, sans trop se hasarder, on pourrait admettre dès à présent comme
principe dirigeant : que les divers genres d'interprétation, et, dans chaque genre, les divers arguments qui en dérivent, doivent avoir d'autant plus
d'importance qu'ils sont en rapports plus directs
et plus intimes avec le texte même de la loi.

Ces rapports sont, en effet, la base de toute interprétation. La suite de ce travail servira, je l'espère,
à justifier ce principe et à le rendre plus clair par
les nombreuses applications qu'il doit recevoir.

TITRE PREMIER

DE L'ÉLÉMENT GRAMMATICAL

Nous ne pouvons nous arrêter longtemps à ce genre d'interprétation qui a pour but de rechercher quel doit être, et souvent quel peut être le sens de la loi, eu égard aux règles qui régissent le langage dans lequel elle est exprimée.

Cette branche d'étude présente pour nos lois modernes beaucoup moins de difficultés et d'importance que pour les législations écrites en langues mortes ou surannées.

Ce ne sont pas seulement des difficultés grammaticales beaucoup plus nombreuses et beaucoup plus considérables qui compliquent, dans ce dernier cas, la tâche de l'interprète. On se trouve en pareille matière souvent en face de la nécessité de choisir entre les variantes de texte résultant soit d'éditions, soit de manuscrits, souvent assez nombreux. Une saine critique peut seule servir de guide et conduire à reconstituer le texte dans sa teneur primitive. Malheureusement, il y a peu de sciences qui, plus que la critique, se prêtent aux hypothèses hasardées et à l'arbitraire.

L'interprète ne doit pas se borner à rechercher quel est le sens rigoureusement grammatical et étymologique des mots ; il doit rechercher s'il n'existe pas, à côté de ce sens normal, un sens usuel, ou technique, si tel mot ne peut pas être pris dans un sens plus ou moins général, ou plus ou moins étendu, s'il ne se présente pas quelquefois dans une acception plus ou moins différente de son acception habituelle.

Cette base une fois fournie, c'est aux autres moyens d'interprétation qu'il faut recourir pour choisir entre les différents sens qui se présentent comme possibles grammaticalement.

Il y a plus, l'interprétation purement et rigoureusement grammaticale doit quelquefois céder à des considérations supérieures qui indiquent la véritable pensée du Législateur et qui la dévoilent malgré les imperfections du texte.

Il paraît hors de doute que, s'il se découvre une

erreur de langage manifeste, il faut s'arrêter au
sens réel de la loi plutôt qu'à son sens grammatical ; c'est de ce principe qu'est née la division de
l'interprétation en déclarative, restrictive et extensive que nous avons mentionnée plus haut. Nous
en rencontrerons des exemples dans le cours de
ces études, mais il paraît plus convenable de les
énoncer à l'occasion des genres d'interprétation
qui leur ont donné lieu et qui leur servent de justification.

Je ne citerai ici qu'un seul article du Code civil
afin de mieux faire comprendre ma pensée dès le
principe.

L'art. 408 du Code civil appelle les veuves d'ascendants à faire partie du conseil de famille. Si on
s'arrête au sens grammatical, ces mots « veuves d'ascendants » doivent comprendre deux catégories de
personnes, et peuvent même en comprendre une
troisième, savoir : 1° l'ascendante restée veuve ;
2° la veuve de l'ascendant qui s'est remarié après
la dissolution de l'union qui a donné naissance au
mineur ; cette veuve n'est pas elle-même ascendante du mineur ; 3° l'une ou l'autre de ces veuves
engagée dans un nouveau mariage encore existant. Ce
troisième sens n'est pas nécessaire comme les deux
premiers, mais il est cependant grammaticalement

possible. On se demande si ces trois catégories de personnes sont appelées au conseil de famille, s'il n'en est appelé qu'une, ou s'il en est appelé deux.

Nous trouvons en tête de la section VII du même chapitre, où il est question des incapacités, des exclusions et des destitutions de la tutelle, un article 442, qui déclare que les femmes, autres que la mère et les ascendantes, ne peuvent être tutrices, ni membres des conseils de famille. Cette disposition est claire et précise ; elle s'énonce d'ailleurs comme un principe général ; l'art. 408 s'énonce, au contraire, sous une forme incidente, et par une disposition qui paraît devoir être la conséquence d'un principe supérieur. Il y aurait antinomie entre ces deux articles, si on les prenait l'un et l'autre à la lettre. Dans ce conflit, c'est la disposition la plus directe, la plus claire et la plus impérative qui doit l'emporter, parce qu'elle paraît être le principe auquel l'autre se réfère ; aussi s'accorde-t-on généralement à exclure de l'application de l'art. 408 les veuves d'ascendants qui ne sont point elles-mêmes ascendantes. Je crois qu'il faut également en exclure les ascendantes remariées, parce que le Législateur paraît avoir manifesté, dans les art. 407, 408 et 442, l'intention de n'admettre qu'exceptionnellement les femmes dans le conseil de famille, où elles doivent généralement être représentées par leurs maris, et que, d'ailleurs, on se trouve ici en présence d'un texte grammaticalement assez élastique.

Dans la discussion qui précède, la question porte sur le sens même des mots ; le même article suscite une autre controverse, où la question porte sur le sens qui paraît résulter de la construction grammaticale.

Il n'y a pas manqué d'auteurs qui ont prétendu que les ascendants ne font pas partie essentielle du conseil de famille, qu'on doit les convoquer par pure déférence, mais qu'ils ne sont pas tenus de comparaître, et ne sont pas comptés dans le nombre légal nécessaire pour la régularité de ce conseil. Ces auteurs s'appuient sur la contexture de l'article 408 qui, dans le § I, ne parle que des frères germains et des maris de sœurs germaines, en ajoutant, § II : « s'ils sont six ou au delà, ils seront tous membres du conseil de famille, » et § III : « s'ils sont en nombre inférieur, etc. » Ces divers pronoms *ils* paraissent grammaticalement se rapporter seulement aux frères germains et aux maris des sœurs germaines. Cette interprétation paraît toutefois devoir être rejetée, parce que l'article appelle aussi les ascendants ; qu'il paraît dans le § II les admettre sur un pied d'égalité avec les frères germains ; qu'il n'y a pas de motifs suffisants pour les placer dans une position d'infériorité ; que, bien au contraire, les art. 408 et suivants les appellent, à l'exclusion des frères, à la tutelle légale, et que la faculté de varier arbitrairement la composition du conseil de famille ne serait pas sans danger pour les intérêts du mineur. Il résulte de ces considérations que le dernier pronom doit s'entendre tant des ascendants que des frères.

Ce vice de rédaction s'explique d'ailleurs par la circonstance que l'article ne mentionnait d'abord que les frères, et que les ascendants y ont été ajoutés, par un amendement, sur la demande du Tribunat. Cet amendement aurait dû amener un remaniement complet de la rédaction, qui se trouve vicieuse, quelle que soit l'opinion que l'on adopte. — On peut consulter sur ces diverses questions, Demolombe, *De la minorité et de la tutelle*, n°s 257 et suivants, et Dalloz aîné, *Répertoire*, aux mots : *minorité et tutelle*, n°s 190 et suivants.

La nécessité de s'élever quelquefois au-dessus du sens grammatical, reconnue par le droit romain, a été également constatée par un grand nombre d'auteurs.

Elle résulte de la nature des choses, un signe

inexact de la pensée ne pouvant prévaloir sur la pensée elle-même se manifestant d'ailleurs d'une manière suffisamment évidente.

Il faut cependant ajouter que ce n'est qu'avec une grande réserve qu'il faut avoir recours à un pareil procédé. Non-seulement les erreurs et les inexactitudes de langage ne peuvent pas se présumer sans le plus grand danger, mais elles doivent être clairement constatées. Il faut pour cela chercher à démontrer, non-seulement que l'erreur existe, mais encore, autant que possible, quelle peut en avoir été la cause, ce qui est souvent nécessaire pour en démontrer pleinement l'existence.

Il faut ajouter encore que l'erreur de rédaction doit résulter du texte de loi, soit du texte même qu'il s'agit d'interpréter, ce qui a lieu quand ce texte présente par lui-même un non sens, soit des autres parties de la loi plus ou moins en rapport avec ce texte.

En matière pénale, il faudrait repousser toute rectification qui ne serait pas clairement établie par un texte de loi, et qui serait défavorable à l'accusé.

C'est ce qu'a jugé la Cour de cassation par arrêt du 11 mars 1831, où il s'agissait d'une erreur d'impression par suite de laquelle un accusé avait été renvoyé de la plainte contre l'intention du Législateur, clairement manifestée dans le manuscrit de la loi.

Le texte de la loi, tel qu'il est publié dans le recueil officiel, peut seul justifier l'infliction d'une peine ; c'est ce qui paraît résulter clairement de l'art. 4 du Code pénal.

La faveur due à l'accusé paraît devoir, au contraire, faire admettre la rectification du texte quand il serait démontré que ce texte est erroné et que la volonté du Législateur n'était pas qu'une peine fût infligée, ou que cette volonté était que la peine fût plus ou moins adoucie.

C'est ce principe qui paraît avoir dirigé la Convention nationale quand, par une loi du 27 juin 1794, elle ordonna la rectification d'une erreur de copiste qui s'était glissée dans le Code pénal de 1791, décréta que cette erreur serait rectifiée, tant sur la minute que sur les expéditions du Code pénal, et que les tribunaux seraient tenus de réformer les extensions de peine auxquelles cette erreur aurait pu donner lieu. On ne comprendrait pas en effet pourquoi, par suite d'une erreur, il serait possible d'infliger des peines qui n'auraient pas été dans l'intention du Législateur.

Ce n'est pas seulement par voie d'opposition directe et de correction que les autres éléments d'interprétation peuvent et doivent suppléer à l'interprétation purement grammaticale ; ces éléments servent souvent à éclaircir un texte obscur ou douteux, et nous verrons de plus, par la suite de ces études, que, sans changer, sans même éclaircir le sens grammatical des mots, l'interprétation est souvent appelée à compléter la loi, en suppléant à son silence, et en manifestant, quelquefois avec une grande évidence, un sens intime et caché qui s'étend au delà des mots les plus clairs et qui ne ressort pas à première vue de la simple interprétation grammaticale.

Ce mode de procéder, que nous justifierons plus tard, est d'ailleurs rendu nécessaire par la disposition contenue en l'article 4 du Code civil ; le juge devant prononcer dans tous les cas, quels que puissent être d'ailleurs le silence, l'obscurité ou l'insuffisance de la loi, il est dans la nature des choses qu'il cherche avant tout dans la loi les moyens de la compléter et de suppléer à son silence apparent, la loi étant l'expression de la volonté suprême qui doit régir la société.

On peut conclure de ce qui précède que l'interprétation grammaticale doit servir de base à toute décision judiciaire, mais qu'elle est cependant très-souvent insuffisante pour manifester réellement et complétement le sens de la loi, et pour fournir au juge les moyens de s'acquitter pleinement des fonctions qui lui sont confiées[1].

C'est à rechercher les moyens de suppléer aux insuffisances de l'interprétation grammaticale que sera consacrée la suite de ces études.

[1] Voici comment le droit romain s'exprime à cet égard au Digeste, liv. I, titre 3, *De legibus senatusque consultis et longâ consuetudine*, loi 17:«Scire leges non hoc est verba earum tenere, sed vim ac potestatem.»—Loi 18 : «Benignius leges interpretandæ sunt, quo voluntas earum, conservetur.»—Loi 29:« Contra legem facit, qui id facit, quod lex prohibet: in fraudem verò, qui salvis verbis legis, sententiam ejus circumvenit.» — *De legatis*, 3 L. 69 : «Non aliter a significatione verborum recedi oportet, quam cum manifestum est, aliud sensisse testatorem.»

Voyez en outre Glück, *Pandekten*, Band I, Seite 223, 239.—Mühlenbruch, *Doctrina pandectarum*, § 58 et suivants. — Savigny, *System des heutigen römischen Rechts*. Band I, Seite 230. — Thibaut, *Theorie der logischen Auslegung*, § 29. *System des Pandektenrechts*, § 47 et suivants. — Donellus, *Commentarium de jure civili*. Liv. 61, cap. 13 et 14. — Foster, *De interpretatione*. Liv. 2, cap. 2 et 3. — Eckard, *Hermeneutica juris*, § 24. — Rapolla, *De jureconsulto, Liber* 2. — Mailher de Chassat, *Traité de l'interprétation des lois*. Liv. 2, tit. 2, § 72. — Delisle, *Principes de l'interprétation*. Tome 2, p. 67.

TITRE II.

DE L'ÉLÉMENT HISTORIQUE.

CHAPITRE PREMIER.

Considérations générales.

Nous avons dit précédemment qu'aucune loi n'était un fait complétement isolé. Toute loi se rattache, au contraire, plus ou moins à tout un ensemble de faits et de circonstances qui ont dû agir plus ou moins sur ses dispositions, et peuvent, par conséquent, servir à la faire mieux connaître.

L'histoire nous montre en général le droit comme se développant graduellement, de telle sorte que pour le bien comprendre, tel qu'il existe à un moment donné, il faut l'étudier dans son origine et dans ses transformations graduelles et successives.

Cela est vrai, en particulier, du droit français et tout spécialement du Code civil, que nous devons avoir principalement en vue dans le cours de ces études.

Ce Code, quoique succédant de bien près à une époque de grand enthousiasme philosophique, n'est point une œuvre théorique sortie quelque jour de la tête d'un penseur abstrait, ou des volontés plus ou moins arbitraires d'une assemblée ; il est le résultat d'un long développement historique, et des circonstances mémorables qui ont largement contribué à lui donner existence.

Plus on étudie l'histoire, et spécialement l'histoire du droit, plus on acquiert la conviction qu'une des principales sources de progrès et de civilisation se trouve dans la coexistence d'éléments divers se combinant et s'unissant librement par un long développement.

Un pareil développement finit, en général, par aboutir à des résultats réellement plus philosophiques que les théories auxquelles conduit une spéculation abstraite et solitaire. La nature humaine ainsi mise en contact avec divers éléments de civilisation finit par reconnaître et par s'approprier ce qui, dans chacun d'eux, lui est conforme et répond le mieux à ses besoins.

Le droit le plus philosophique est celui qui correspond le mieux à la nature humaine, et il n'y a pas lieu de s'étonner que ce résultat puisse s'obtenir par un développement libre et spontané d'une manière plus sûre que par l'action de théories individuelles. Je crois, pour ma part, que ces dernières ne doivent en général passer dans les institutions que quand elles sont entrées dans l'esprit du peuple, ou que, tout au moins, elles se sont fait reconnaître comme doctrine acceptée d'une manière assez générale pour que leur introduction dans la vie réelle et leur action sur les faits ne puissent pas être considérées comme une expérimentation dangereuse ou peu libérale.

Il est difficile de rappeler, même d'une manière très-succincte, les traits généraux des transformations successives du droit, sans se laisser aller à dire quelques mots sur le mérite théorique et philosophique de ce long développement et de la manière dont il s'est opéré. Mais c'est un sujet qui ne pourrait être traité convenablement qu'en entrant dans des détails et en faisant des distinctions qui sortiraient du cadre de ces études.

Ce sont les faits qui sont essentiels pour nous en vue du but spécial que nous nous sommes proposé. Nous devons par conséquent nous borner à en exposer la marche générale. La loi doit nous apparaître comme un fait intellectuel et moral dont l'origine nous fera mieux connaître l'esprit et la portée.[1]

Il y a longtemps qu'un illustre historien a fait remarquer qu'une des principales causes de la supériorité de la civilisation moderne sur l'ancienne consiste en ce que la première est plus complète, ayant eu pour mission de combiner les résultats qui lui étaient transmis par la seconde avec les principes nouveaux nés du christianisme et du caractère des populations germaniques.[2]

Les codes français, et tout spécialement le Code civil, se sont largement conformés à cette mission, d'où résulte que, pour bien les comprendre, il est nécessaire de remonter aux sources d'où sont dérivés les divers principes qui s'y sont réunis et conciliés. Je ne peux pas me livrer ici à de longs développements historiques à l'occasion d'un chapitre sur l'interprétation des lois. Mais le genre de développement que nous avons mentionné ci-dessus se manifeste avec tant d'évidence, en ce qui concerne notre droit moderne, que, pour le reconnaître, il suffit de jeter un coup d'œil sur les phases principales de l'histoire qui s'y rapporte.

[1] Stahl, *Philosophie des Rechts,* Band II, Seite 170.

[2] Guizot, *Cours sur la civilisation moderne et sur l'histoire de France.*

L'histoire du droit romain nous montre déjà un long travail de combinaison, de fusion et de transformations successives et graduelles qui conduisent des formules bizarres des anciennes coutumes à un droit assez philosophique pour être appelé la raison écrite.

La principale cause de ces transformations se trouve précisément dans la nécessité de combiner et de fondre ensemble, pour arriver à l'unité, les éléments divers dont se composait la civilisation romaine. Assimiler les diverses races patriciennes, créer l'unité entre patriciens et plébéiens, puis se trouver par la conquête soumis à l'influence du droit et des institutions des nations étrangères, c'est par cette suite de transformations graduelles et successives que le droit romain a acquis le caractère d'abstraction et de généralité qui fait sa force et lui a fait exercer une large influence sur le droit moderne.

La manière dont s'est opéré ce long développement, auquel ont eu part des agents assez divers, dut nécessairement produire un grand nombre de documents assez dissemblables, qu'il fallait saisir dans leur ensemble et dans leurs détails pour être réellement à la hauteur de la science du droit.

Quoique l'étude du droit ait résisté plus longtemps que toute autre à la décadence qui se manifesta sous l'empire, elle finit par s'affaisser et par être incapable de satisfaire aux exigences de la position, toujours plus difficile, qui lui était faite.

On eut alors recours à une série de mesures destinées à faciliter la pratique des affaires, et spécialement l'œuvre des juges ; ces mesures aboutirent aux volumineuses compilations qui eurent lieu sous le règne de l'empereur Justinien.

Ce grand travail, auquel on ne saurait dans aucun cas refuser une grande importance historique, a donné lieu aux appréciations les plus diverses. Les uns, et spécialement mon ancien professeur, M. de Savigny, ont vu dans ces compilations un aveu d'impuissance, une preuve de décadence et un point d'arrêt dans le libre développement du droit. Les autres y ont vu comme une création nouvelle bien supérieure à l'ordre de choses qui existait précédemment.

Chacune de ces appréciations a sa part de vérité suivant le point de vue auquel on se place.

Il y avait là, dans un certain sens, un progrès, parce que ces compilations ne sont pas dépourvues de tout mérite et qu'elles répondaient d'ailleurs au besoin de l'époque. Mais ce besoin provenait lui-même de l'impuissance où l'on se trouvait de dominer suffisamment par la science les documents volumineux et variés dont se composait alors le droit positif de l'empire.

Chose remarquable, c'est sous le règne de l'empereur Justinien, dont les armées conduites par les grands généraux, Bélisaire et Narsès, luttèrent en vain pour sauver l'Italie, qu'eut lieu ce grand travail, et c'est sur le territoire de ce même Occident, alors envahi, que cette législation destinée à l'empire d'Orient déploya son influence la plus importante et la plus durable.

Certes, on peut regretter de ne pas posséder d'une manière plus complète les beaux ouvrages des jurisconsultes romains; mais il est fort douteux que leur disparition doive être attribuée aux compilations de Justinien. Il est douteux également que les universités du moyen âge n'y eussent pas trouvé un sujet d'étude trop vaste, trop compliqué et, par cela même, supérieur à leurs forces, et c'est principalement par ces universités que le droit romain a reconquis l'influence qu'il était destiné à exercer. On peut même douter que l'on ne se fût pas contenté à cet égard des compilations des rois barbares bien inférieures à celles de Justinien.

Dans le même temps, à peu près, où le droit romain se condensait ainsi sous une forme qui devait lui permettre de survivre plus facilement à l'invasion, il se passait sur le territoire déjà conquis par les barbares, un fait en apparence bien différent, mais qui était cependant destiné à concourir au même résultat ; je veux parler du régime de législation personnelle. Ce régime apparut alors d'une manière beaucoup plus complète et beaucoup plus manifeste qu'à aucune autre époque de l'histoire.

Quand on voit le flot de l'invasion s'élever toujours davantage et les hordes germaines se mettre toujours plus directement en rapport avec le monde romain qui devait réagir puissamment sur elles, on se demande ce que vont devenir les deux législations qui sont ainsi mises en contact. Ces deux législations se combineront-elles ou l'une prévaudra-t-elle sur l'autre et l'absorbera-t-elle ?

Elles se trouvaient alors à des degrés de développement trop différents pour qu'elles pussent se combiner et se fondre en une seule et même législation ; il était d'ailleurs bien difficile que, dans l'exaltation de la conquête, les vainqueurs consentissent à modifier leur droit pour l'approprier à celui des vaincus.

Le même orgueil national s'opposait à ce que les vainqueurs se soumissent aux lois des vaincus ou admissent ces derniers à l'honneur de vivre sous le même droit qu'eux-mêmes. Il résulta de ces circonstances extraordinaires, un régime d'après lequel chaque individu, quel que fût d'ailleurs son domicile ou sa résidence, restait soumis au droit de la nation dont il faisait partie. Ce régime ne fut pas admis seulement de Germains à Romains, il le fut également entre Germains de nationalités différentes, ce qui maintint une grande variété de législations différentes existant souvent ensemble sur le même territoire.

Un pareil mode de vivre assurait la conservation et la coexistence des divers éléments de droit régissant les nations ainsi mélangées. Ce devait être un bienfait pour l'avenir, mais ce devait être pour le présent un embarras qui, par la fusion successive des races, perdait tous les jours de sa raison d'être et serait devenu à la longue un puissant obstacle au progrès.

On vit bientôt se constituer le régime féodal qui surgit aussi de la force des choses et qui, malgré ses duretés, était peut-être le seul régime capable de maintenir quelque ordre ou tout au moins quelque cohésion entre les éléments divers dont se composait la société.

En concurrence avec ce régime et souvent en lutte avec lui, se développa plus tard le régime municipal.

Ces deux institutions furent, comme le système de droit personnel, des éléments de diversité. Mais elles substituèrent une diversité territoriale à une diversité personnelle. Il était, en effet, naturel que ces institutions nouvelles s'appropriassent dans chaque localité le droit qui se trouvait y prévaloir par suite de la répartition des nationalités diverses. Il était également naturel que les nouvelles distinctions qui naissaient de ces régimes fissent perdre de leur importance à celles qui résultaient des anciennes nationalités.

Comme conséquence de cette transformation, on vit prévaloir et dominer le droit romain dans les provinces du midi et le droit germain dans celles du nord. La France se divisa en provinces de droit écrit et provinces de droit coutumier. Le droit romain, ayant déjà subi l'influence d'un long développement, resta presque identique à lui-même et acquit une grande importance par l'enseignement des universités. Les coutumes, au contraire, se trouvant encore à l'état rudimentaire, se modifièrent considérablement et se développèrent d'une manière très-différente, suivant les localités.

Ce phénomène remarquable eut pour résultat de maintenir la coexistence des deux droits et de laisser aux coutumes le temps d'acquérir le degré de développement nécessaire pour qu'il fût possible de les combiner plus tard avec le droit romain et avec divers autres éléments qui ne tardèrent pas à se former. On voit ces éléments divers se fondre dans une seule et même législation qui fut celle des codes modernes et spécialement celle du Code civil.

Pour que ce résultat pût être atteint, il était nécessaire que les divers éléments de variété, dont nous avons constaté l'existence, fussent soumis à l'action supérieure de puissants éléments d'unité qu'il nous reste à indiquer en quelques mots.

Ce fut d'abord le christianisme, avec lequel, malgré leur grossière barbarie, les populations germaines eurent dès le principe beaucoup d'affinité, et qui étendit au loin l'influence de ses dogmes et de sa morale. L'Église revêtit une organisation puissante qui, ayant son siége principal dans la capitale de l'ancien monde, agissait incessamment sur les populations nouvellement appelées sur le théâtre de la civilisation. Le droit canon, cette institution d'un genre tout nouveau, passa de l'Église dans les universités et de là dans la vie et dans les institutions. Ce fut ensuite la monarchie qui, d'abord vaincue en apparence par la féodalité, ne tarda pas à se relever en s'appuyant sur l'élément municipal et à propager au loin son influence et celle de ses ordonnances.

Ce furent enfin une doctrine commune, une littérature et des mœurs communes, une gloire commune vaillamment acquise sur un grand nombre de champs de batailles, une nationalité commune se développant progressivement et se manifestant surtout dans les rapports avec l'étranger, des intérêts communs et une philosophie commune qui finirent par fondre dans une unité supérieure les éléments divers qui se trouvaient en présence. Chose remarquable, c'est principalement en se combinant avec les éléments anciens que ces éléments nouveaux ont produit l'unité. Ils n'ont point détruit la diversité qui existait originairement ; mais ils en ont absorbé et s'en sont assimilé ce qui convenait au nouveau peuple qui se formait.

Ce long travail de combinaisons et de transformations finit par aboutir à la grande révolution de 1789.

Ces faits que je n'ai pu esquisser que dans leurs traits généraux, sont connus depuis longtemps, ils ne sont presque qu'un lieu commun historique. Ils n'en ont que plus d'importance et ne tendent qu'à manifester avec plus d'évidence tout un plan de développement qui a reçu son exécution à travers bien des événements divers et bien des obstacles apparents. Suivre à travers les siècles les traces de ce long développement, étudier, dans leur caractère propre et dans leur influence réciproque, les éléments divers qui y ont concouru, assister à la grande transformation à laquelle il aboutit ; rechercher quels étaient les besoins, les tendances et les préoccupations qui prévalurent à cette époque mémorable ; pénétrer enfin, comme il nous est permis de le faire, dans le sein des assemblées consultatives ou législatives chargées de préparer ou de sanctionner les codes nouveaux ; c'est là, bien certainement, un ensemble d'études qui, indépendamment du grand intérêt historique qu'il présente, doit être fort utile pour la saine interprétation de ces codes.

Ce n'est point ici le lieu d'étudier les diverses appréciations dont ces faits ont été l'objet. Ce qui nous importe en vue du but que nous nous proposons, ce sont les faits eux-mêmes et les résultats auxquels ils ont conduit. Je crois pouvoir ajouter que ces faits ont été le produit de la force des choses et du développement naturel résultant des circonstances.

Cette observation s'applique en particulier au grief qu'on a soulevé contre une prétendue trop grande influence du droit romain.

On a dit qu'il était à regretter que les universités du moyen âge, qui ont exercé une grande influence par la doctrine qu'elles aidèrent à former, se soient trop exclusivement occupées du droit romain et du droit canon. On a vu là un échec pour l'élément germanique.

Si l'enseignement des universités et si la doctrine en général ont exercé une grande influence, cela tient à ce qu'ils répondaient aux besoins nouveaux résultant des progrès extraordinaires qui s'opéraient dans la civilisation générale. Ces progrès tenaient de la renaissance, surtout en ce qui concernait le prodigieux développement des villes soumises au régime municipal. Il n'y avait, par conséquent, rien que de bien naturel à ce que l'ancien droit reconquît une partie de son influence.

Si le droit romain tendit à prévaloir dans la doctrine, cela tient précisément à ce que, par son long développement historique, il avait acquis un caractère de généralité et d'abstraction philosophique qui lui permettait de satisfaire aux besoins de civilisations assez différentes. La doctrine, d'ailleurs, n'a point aboli le droit en vigueur et ce n'est que par une action libre, spontanée et progressive, qu'elle a exercé son influence. Il est douteux que les coutumes germaniques fussent alors arrrivées à un degré de développement suffisant pour être l'objet d'un enseignement académique. Il est même assez probable qu'elles auraient perdu plus que gagné à se trouver dans l'école en contact avec le droit romain. C'est dans la vie réelle qu'elles pouvaient le mieux se développer par une longue suite de transformations graduelles et successives. Il est certain qu'elles ont exercé une large influence sur nos lois nouvelles [1].

L'étude historique du Code civil démontre à quelle source législative, coutumière ou doctrinale, a été puisée chacune de ses parties, et il est impossible que la connaissance de ces éléments ne jette pas beaucoup de jour sur le sens des dispositions qui en ont été tirées.

On a fait ici une objection qu'il faut examiner, parce qu'elle a quelque chose de vrai, et qu'elle peut d'ailleurs prévenir bien des chances d'erreurs,

[1] Indépendamment des leçons de M. Guizot sur l'histoire citées ci-dessus et des ouvrages spécialement consacrés à l'histoire du droit français, on peut consulter les premiers volumes de l'*Histoire du droit romain au moyen âge*, par M. de Savigny, et ce que dit le même auteur sur les sources du droit au commencement de son grand ouvrage sur le système du droit romain. On peut également consulter l'ouvrage de M. Ozanan sur les Germains.

auxquelles ce genre d'interprétation a souvent donné lieu. On a dit : « La loi seule est promulguée comme telle ; elle doit par conséquent être seule revêtue de force obligatoire. » C'est vrai, complétement vrai ; aussi n'est-ce que comme moyen de mieux connaître la loi, de mieux comprendre le sens qu'elle a réellement et le but qu'elle s'est proposé d'atteindre, que ce genre d'argumentation doit être accueilli.

Il ne faut pas oublier, non-seulement que la loi seule est loi, mais encore qu'elle doit être respectée dans son ensemble et qu'elle doit former un tout systématique. Chacune de ses parties doit être mise d'accord avec les autres, et chacun des éléments divers où ses diverses parties ont été puisées ne peut servir à l'interpréter ou à la compléter, que s'il est possible de le faire sans heurter le sens des autres parties.

Le Code civil ne représente ni le droit canon, ni le droit romain, ni les coutumes germaniques, ni la doctrine de tel ou tel auteur plus ou moins en renom au temps de la codification ; il représente un développement et une conciliation de ces divers éléments réunis et fondus ensemble pour ne former qu'un seul et même système.

L'interprétation doit accepter et compléter ce

travail de fusion en saisissant l'ensemble du Code et en s'efforçant de mettre chacune de ses dispositions spéciales d'accord avec cet ensemble.

On peut conclure de ce qui précède, que l'histoire et spécialement l'histoire du droit est d'une grande importance pour l'interprétation de la loi; que c'est là seulement que l'interprète peut puiser une connaissance exacte des circonstances au milieu desquelles s'est trouvé le Législateur, des sources diverses où ce dernier a puisé ses convictions, des exigences auxquelles il a dû satisfaire et du but qu'il a dû se proposer d'atteindre; que spécialement les sources où a été puisée chaque partie du Code ont une grande importance pour en faire comprendre l'esprit et la portée. Mais il faut ajouter que ces sources ne peuvent être invoquées qu'en tant qu'il est possible de les mettre d'accord avec les autres parties du Code et avec les principes qui en dominent l'ensemble. La loi seule est loi, elle doit avant tout être interprétée par elle-même, et les moyens accessoires ne doivent jamais prédominer sur elle.

Il serait difficile et peut-être imprudent de formuler à cet égard des règles plus précises; il en est cependant autrement d'un élément d'interprétation que l'on peut classer dans la même catégorie

et au sujet duquel on peut établir quelques principes dirigeants, puisés dans la nature des choses et
conduisant à des résultats plus concluants ; je veux
parler des travaux préparatoires, de la discussion
et de la votation des Codes. Les différentes rubriques sous lesquelles sont classées les dispositions
dont se composent ces Codes, me paraissent ap-
partenir au même sujet. Nous nous occuperons,
dans les deux chapitres suivants, des questions diverses que soulève l'examen de ces nombreux documents.

CHAPITRE II.

*Des travaux préparatoires, de la discussion et de la
votation des Codes français, spécialement du
Code civil.*

L'histoire de la rédaction des divers Codes français est assez généralement connue pour ne devoir
être rappelée ici qu'en quelques mots strictement
nécessaires à l'intelligence de ce qui doit suivre.
Nous ne nous arrêterons même qu'au Code civil,
puisque c'est lui que nous avons pris pour base de
ces études. Ce que nous disons de lui peut d'ail-

leurs, sauf quelques modifications, s'appliquer facilement aux autres Codes.

Ce fut par arrêté du 24 thermidor, an VIII (12 août 1800), que les Consuls chargèrent MM. Tronchet, Portalis, Bigot de Préameneu et Malleville de la rédaction d'un projet de Code civil.

Ce projet fut publié par la voie de la presse le 1er pluviôse, an IX (22 décembre 1800). Il fut soumis aux observations de la Cour de cassation et des Cours d'appel, puis présenté avec diverses modifications au Conseil d'État.

Le projet et les observations des Cours furent renvoyés, suivant la marche accoutumée, à la section de législation du Conseil d'État, et la discussion commença en assemblée générale, le 28 messidor, an X (17 juillet 1801).

La forte opposition que le projet éprouva dès le principe de la part du Tribunat, fit suspendre le travail pendant quelque temps et engagea le Gouvernement à établir des conférences officieuses, afin qu'il fût plus facile de se mettre d'accord sur la rédaction définitive des projets de lois.

Chaque projet était, avant d'être remis au Gouvernement, communiqué à la section du Tribunat que le sujet concernait.

La section en délibérait, consignait dans un procès-verbal les observations ou les amendements que le projet lui suggérait, et transmettait le tout à la section du Conseil d'État que cela concernait. Si cette section admettait les observations et les amendements, elle en faisait rapport au Conseil d'État; dans le cas contraire, une conférence s'établissait entre les sections correspondantes des deux corps. Les résultats de cette conférence étaient ensuite communiqués à l'assemblée générale du Conseil d'État qui en délibérait.

Ce travail produisit une série de lois successives qui furent réunies en un code par une loi du 3 ventôse, an XII.

Nous devons maintenant exposer en quelques mots quel était dans son ensemble le mécanisme législatif à l'action duquel le Code civil a dû son existence.

La constitution de l'an VIII avait réparti l'action législative entre les Consuls ou le Gouvernement, le Tribunat et le Corps législatif.

L'initiative ou la proposition de la loi était réservée au Gouvernement qui l'exerçait avec le concours nécessaire du Conseil d'État. Ce dernier corps n'agissait que comme conseil, dans le sens strict du mot; il discutait les projets de lois qui lui étaient soumis et pouvait les amender. Mais ses décisions ne liaient en aucune façon le Gouvernement qui était libre de n'y pas donner suite et d'y faire tel changement qui lui paraissait convenable.

Chaque projet de loi était envoyé à la section du Conseil d'État dans les attributions de laquelle il devait rentrer ; il était ensuite discuté en assemblée générale, puis communiqué au Corps législatif qui l'envoyait au Tribunat. Ce dernier corps émettait un avis favorable ou défavorable et le Corps législatif, après avoir entendu un débat contradictoire entre les orateurs du Gouvernement et ceux du Tribunat, statuait sur le sort définitif du projet qu'il devait admettre ou rejeter, sans pouvoir l'amender.

Les conférences officieuses dont nous avons parlé avaient lieu avant que le projet élaboré par le Conseil d'État fût remis au Gouvernement pour être transmis au Corps législatif, qui devait lui-même l'envoyer au Tribunat.

Il résulte de l'exposé qui précède, que l'élaboration du Code civil a dû produire un grand nombre de documents qui ont nécessairement plus ou moins d'importance pour la saine interprétation de ce code.

Ces divers documents, généralement désignés sous le nom de travaux préparatoires, nous ont été conservés, et les interprètes de nos Codes en font un fréquent usage ; chacun les invoque comme argument à l'appui de l'opinion qu'il croit devoir adopter.

Que ces documents présentent un grand intérêt de curiosité, que leur étude fournisse à l'interprète de nombreux enseignements en le faisant assister à la naissance de la loi et en lui révélant fort souvent le but que le Législateur s'est proposé d'atteindre, les motifs et souvent les préoccupations qui ont influé sur ses décisions ; c'est ce qu'il est impossible de contester. Il ne faut donc pas s'étonner de voir ces documents fréquemment invoqués par les commentateurs de nos Codes.

Nous devons par conséquent chercher à nous rendre compte de la force probante que peuvent avoir de pareils arguments, et nous efforcer de découvrir quelques principes dirigeants propres à nous servir de guides dans leur appréciation et dans l'emploi qui doit en être fait.

Il résulte de ce que nous avons exposé plus haut que les projets de lois étaient élaborés et discutés par le Conseil d'État, puis adoptés par le Gouvernement et sanctionnés par le Corps législatif qui votait en silence après avoir entendu les organes du Gouvernement et ceux du Tribunat, sans pouvoir faire aucun amendement aux projets qui lui étaient soumis.

Si nous nous demandons quelle peut être, en vue de cette votation définitive, l'importance interprétative des travaux préparatoires qui l'ont précédée, nous pouvons être tenté de répondre que cette importance doit être nulle.

Le texte de la loi a seul été voté silencieusement par un corps autre que celui qui l'a préparé ; il paraît par conséquent impossible de connaître, autrement que par le texte adopté, quelle a été la volonté du Corps législatif. Il y a plus ; ce texte seul, comme nous l'avons dit, a été promulgué et publié comme loi pour avoir force obligatoire ; il paraît par conséquent dangereux et contraire aux vrais principes d'imposer aux ressortissants de l'État l'obligation de se conformer à des documents d'une notoriété restreinte, et d'un sens plus ou moins occulte ou difficile à constater.

Cette réponse est complétement juste et paraît inattaquable, toutes les fois qu'il s'agit d'un texte clair et précis qui ne présente ni obscurité, ni ambiguité, ni antinomie apparente. La Cour de cassation s'est plus d'une fois conformée à ce principe à l'occasion d'une question qui a divisé et divise encore les auteurs. L'art. 1657 du Code civil dispose qu'en matière de vente de denrées et effets mobiliers, la résolution de la vente aura lieu de plein droit et sans sommation, au profit du vendeur, après l'expiration du terme convenu pour le retirement. Cet article était originairement rédigé de la manière suivante : « En matière de vente de *marchandises*, denrées, » etc., (le reste comme dans le Code). Lorsqu'il fut soumis à la discussion du Conseil d'État, un membre fit observer que l'article, tel qu'il était rédigé, serait applicable en matière commerciale et que, cependant, en pareille matière, aucune vente n'était résiliée sans mise en demeure. Après plusieurs autres observations, le consul Cambacérès, sous la présidence duquel se tenait la séance, dit que toute équivoque serait levée par le procès-verbal qui indiquerait que l'article n'est pas applicable aux affaires de commerce. On remarque de plus que le mot *marchandises* a disparu de la rédaction définitive de l'article ; d'où un grand nombre d'auteurs ont conclu que l'intention du Conseil d'État avait été manifestement de rejeter toute application de cet article en matière commerciale.

Malgré ces considérations, la Cour de cassation a rejeté ce système par ses arrêts du 27 février 1828 ; 6 juin 1848 et 9 janvier 1854, basés sur ce que l'art. 1657 est général et ne porte aucune exception, et sur ce que le Code de commerce, promulgué plusieurs années après le Code civil, ne porte lui-même aucune exception à cet égard.

Les Cours d'appel paraissent accepter assez généralement la doctrine de la Cour de cassation, mais les auteurs sont fort divisés sur cette question[1].

Le principe adopté par la Cour de cassation paraît facile à justifier quand il s'agit d'un texte clair et précis qui ne peut grammaticalement présenter aucun doute ; mais en est-il de même quand il s'agit d'un texte dont le sens a besoin d'être élucidé ?

En fait, le Gouvernement demandant un projet de loi au Conseil d'État, et se faisant représenter dans les délibérations de ce corps, doit être censé, quand il adopte ce projet, l'adopter dans le sens où il a été voté. La même présomption de fait paraît devoir être admise en ce qui concerne le Corps législatif adoptant une proposition du Gouvernement.

---

[1] Voyez sur toute cette controverse, Dalloz aîné, *Répertoire général, verbo vente*, n° 1410.—Locré, *Législation civile, commerciale et criminelle des codes français*, discussion de l'art. 1657. — Troplong, vente n° 680. — Duvergier, vente n° 475.

Ces présomptions de fait sont confirmées et appuyées par une présomption légale résultant du droit constitutionnel alors en vigueur.

Sans être tenu de se conformer aux décisions du Conseil d'État, le Gouvernement devait consulter ce corps qui devenait ainsi, dans une faible mesure il est vrai, un des organes du pouvoir législatif. Quant au Corps législatif, son action n'était guère qu'un droit de *velo*, puisqu'il ne pouvait qu'accepter ou rejeter les projets qui lui étaient soumis.

L'initiative appartenait au Gouvernement, et comme elle s'exerçait par l'adoption des projets élaborés par le Conseil d'État, il est impossible de ne pas donner, dans tous les cas où le texte est douteux, une grande importance au sens dans lequel ces projets ont été discutés et définitivement arrêtés par l'assemblée qui était chargée de les élaborer. La grande importance que le Gouvernement et le Conseil d'État mettaient aux discussions qui avaient lieu dans le sein de ce dernier corps résulte des soins qui furent pris pour garantir l'exactitude des procès-verbaux où ces discussions étaient consignées, et pour en assurer la publicité.

Ces procès-verbaux devaient être déposés au secrétariat du Conseil d'État, où chaque membre pouvait prendre connaissance de la rédaction de son opinion, et y faire les rectifications qu'il jugeait convenables.

Il fut en outre décidé que ces procès-verbaux seraient imprimés pour être distribués au Sénat conservateur, au Corps législatif, au Tribunat et au Tribunal de cassation.

Le Premier Consul voulut en outre que ces procès-verbaux fussent rédigés de suite et insérés, jour par jour, dans le *Moniteur*.

Tous ces faits nous sont rapportés par M. Locré, dans son ouvrage déjà cité, chap. VI, *Histoire du Code civil*.

Les considérations qui précèdent, tout en résolvant d'une manière générale la question de l'importance des travaux préparatoires, nous fournissent en même temps un point de départ pour établir quelques principes dirigeants qui peuvent nous aider à apprécier l'importance relative de ces divers documents.

Quelle a été l'intention du Conseil d'État en s'arrêtant définitivement à telle disposition comprise au projet de loi par lui présenté au Gouvernement? Telle est la question qui domine tout ce sujet.

Il résulte de cette observation que les divers documents, constituant les travaux préparatoires, doivent avoir d'autant plus d'importance qu'ils sont en rapports plus directs avec la décision définitivement adoptée par le Conseil d'État, et peuvent démontrer avec plus d'évidence dans quel sens cette disposition doit être entendue.

D'après ce qui précède, il paraît possible de distinguer les différents degrés d'importance des travaux préparatoires par la graduation suivante :

1° En première ligne se présentent les changements de rédaction qui ont eu lieu dans le sein du Conseil d'État, par suite d'amendements proposés, motivés et votés. Ici nous avons, non-seulement un texte qui doit avoir force de loi, mais encore les rapports qui existent entre ce texte nouveau et celui qu'il a remplacé, tendant presque toujours à mieux faire ressortir le sens que doit avoir la loi. Ces amendements sont d'ailleurs presque toujours précédés de considérations ou de discussions qui en font mieux comprendre la portée.

2° Il faut placer sur la même ligne, à peu près, les amendements adoptés par le Conseil d'État pour faire droit aux observations du Tribunat.

3° Viennent ensuite les modifications apportées au premier projet et provoquées par les observations des Cours auxquelles ce projet a été soumis. Ici encore les motifs des changements sont généralement connus, mais ils ont moins d'importance quand ils n'ont agi que sur le travail préparatoire, parce que, dans ce cas, nous voyons nous échapper les lumières qui résultent ordinairement d'une discussion et d'une votation dans le 'sein du Conseil d'État.

4° Il se présente, à un degré d'importance qui paraît généralement très-inférieur, un assez grand nombre de changements de rédaction qui ont eu lieu en dehors du Conseil d'État, dans les intervalles qui se sont souvent écoulés entre les diverses présentations du même projet. La cause de ces changements est le plus souvent inconnue. Aussi voit-on fréquemment les interprètes les invoquer en sens opposés, les uns prétendant, par exemple, que telle disposition a été retranchée comme superflue, les autres voyant au contraire dans cette suppression la preuve de l'intention de modifier le sens précédemment adopté.

5° Dans une dernière catégorie apparaissent, à des degrés d'importance qui paraissent assez égaux, et entre lesquels il serait d'ailleurs assez difficile d'établir avec sécurité une subdivision générale, les diverses opinions énoncées soit au sein du Conseil d'État, quand ces énonciations n'ont point amené de changement de rédaction, soit dans les discours prononcés devant le Tribunat ou devant le Corps législatif.

Ce ne sont là, en définitive, que des opinions individuelles qui peuvent avoir quelque autorité par suite de la position des personnes qui les ont émises, de la part plus ou moins grande qu'elles ont prise aux divers travaux préparatoires, et de leur plus ou moins grande autorité personnelle.

Les discours des orateurs du Gouvernement chargés de défendre les projets de loi pourraient paraître avoir plus d'importance que les autres, comme devant représenter les vues et les opinions du Conseil d'État et du Gouvernement. Mais ces discours n'ayant pas été arrêtés dans le sein du Conseil d'État, et ne lui ayant pas même été communiqués avant d'être prononcés, n'ont rien d'officiel, sinon d'exprimer le vœu du Gouvernement pour l'adoption du projet. M. Delisle, tome II, pages 683 et suivantes, relève plusieurs erreurs manifestes qui ont été commises dans ces discours quelquefois préparés avec une grande précipitation.

La classification qui précède me paraît résulter de la nature des choses. Je la crois vraie, considérée d'une manière abstraite. Je dois cependant ajouter qu'il ne faudrait pas, dans la pratique, la

suivre d'une manière trop absolue. Ces divers genres d'arguments peuvent, dans la même catégorie,
acquérir plus ou moins d'importance, suivant qu'en
eux-mêmes, par suite des circonstances particulières au milieu desquelles ils se produisent, ils
manifestent plus clairement le sens de la loi et
suivant qu'ils sont plus ou moins appuyés ou com-
battus par d'autres éléments d'interprétation.

J'ai tenu à exposer de suite et sans interruption
les diverses considérations qui me paraissent justifier l'importance généralement donnée aux travaux
préparatoires, et fournir les principes dirigeants
nécessaires pour apprécier les divers degrés de
cette importance. Quelques exemples suffiront, je
l'espère, pour faire mieux comprendre les considérations qui précèdent, et pourront, dans une certaine mesure, leur servir de justification.

L'article 2140 du Code civil permet à la femme
majeure de restreindre, par son contrat de mariage,
l'effet de son hypothèque légale. Une femme mineure, assistée par les personnes désignées aux
art. 1095, 1309 et 1398 du Code civil, avait consenti une pareille réduction. La combinaison des
divers articles cités ci-dessus pouvait faire naître
du doute, et l'on débattit la question de savoir
si cette renonciation ne devait pas être frappée

de nullité. C'est dans ce sens que la Cour de cassation s'est prononcée dans son arrêt du 19 juillet 1820. Elle fait observer qu'une discussion s'étant élevée au Conseil d'État sur la question de la validité d'une pareille réduction faite par une femme mineure, la rédaction actuelle fut proposée et adoptée précisément pour résoudre cette question dans un sens négatif, ce qui ne pouvait plus laisser aucun doute sur l'intention du Législateur.

La Cour de cassation a fait souvent usage d'un pareil mode d'argumentation. Indépendamment de l'arrêt que nous venons de citer, on peut consulter à cet égard les arrêts du 11 mars 1812 sur la tutelle des interdits et du 9 avril 1842, affaire du Ministère public contre Bernard.

Il serait impossible d'indiquer les nombreux exemples de ce genre d'argumentation qui se rencontrent presque à chaque pas dans la jurisprudence et dans la doctrine. Je veux cependant indiquer, en terminant cette section, le rôle important que les travaux préparatoires du Code civil ont joué dans la solution de plusieurs questions très-graves qui se sont élevées sur l'interprétation de l'art. 3 du Code civil.

Cet article statue que les lois concernant l'état et

la capacité des personnes, régissent les Français même résidant en pays étrangers.

On s'est naturellement demandé si l'état personnel et la capacité des étrangers résidant en France devaient être régis également par la loi du pays auquel ils appartiennent. Un principe analogue paraît assez généralement admis tacitement ou explicitement par le droit commun européen, mais le Code civil ne s'explique pas à cet égard, et ce silence n'a pas toujours été interprété de la même manière.

Si nous étions appelé à résoudre cette question, sans autre moyen de décision que le texte actuel de l'article, nous pourrions nous appuyer sur ce que les étrangers, résidant en France, ne sont textuellement soumis au droit français qu'en ce qui concerne les immeubles qu'ils possèdent sur le territoire français, et ce qui concerne les lois de police et de sûreté, et conclure de cette circonstance que les étrangers restent soumis à la loi de leur pays quant à leur état personnel et à leur capacité. Une pareille solution pourrait également s'appuyer sur le droit commun européen que nous avons rappelé plus haut, et sur la doctrine admise en France avant le Code civil. Nous devons ajouter que cette doctrine paraît pleinement confirmée par les transformations qu'a subies la rédaction de l'article 3.

Le premier projet contenait deux articles 4 et 5 rédigés de la manière suivante :

« Art. 4. La loi oblige indistinctement ceux qui habitent le territoire : l'étranger y est soumis pour les biens qu'il y possède, et pour sa personne pendant sa résidence.

« Art. 5. Le Français résidant en pays étranger, continue d'être soumis aux lois françaises, pour ses biens situés en France et pour tout ce qui touche à son état et à la capacité de sa personne.»

Cette rédaction fut remplacée dans le projet soumis au Conseil d'État par deux articles 3 et 4, comme nous le voyons dans l'ouvrage de M. Locré, séance du 4 thermidor, an IX (23 juillet 1801). Ces articles étaient ainsi conçus : «Art. 3. La loi oblige indistinctement ceux qui habitent le territoire. L'étranger y est soumis pour les biens qu'il y possède et personnellement en tout ce qui intéresse la police pendant sa résidence. — Art. 4. Le Français résidant en pays étranger continuera d'être soumis aux lois françaises pour ses biens situés en France, et pour tout ce qui touche à son état et à la capacité de sa personne. »

Ces articles furent d'abord renvoyés au projet de

loi relatif aux personnes qui jouissent des droits civils et à celles qui n'en jouissent pas.

Dans une seconde discussion, on reproduisit un art. 3 ainsi conçu : « La loi oblige indistinctement ceux qui habitent le territoire. » Cette disposition fut critiquée comme trop générale, les étrangers n'étant pas soumis à la loi française en ce qui concerne leur état et leur capacité, et M. Tronchet fit admettre un amendement qui consistait à retrancher le mot « indistinctement. » Quand cette rédaction fut présentée au Tribunat, elle fut encore trouvée trop générale en ce qui concerne l'état et la capacité des étrangers. (Discours fait par le tribun Andrieux au Tribunat, le 3 décembre 1801.)

Le projet fut d'abord rejeté par le Corps législatif, et lorsque la discussion fut reprise après la suspension dont nous avons parlé, ce fut la section de législation du Tribunat qui, persistant dans les mêmes idées, proposa et fit définitivement adopter la rédaction actuelle.

Il est impossible de ne pas admettre que l'intention de la loi se manifeste clairement par tous ces changements de rédaction, toujours basés sur les mêmes considérations.

Je voulais seulement établir ici quelle a été dans cette question l'importance des travaux prépara-

toires ; je n'ai pas à m'arrêter aux divergences qui
existent entre les auteurs sur l'application plus ou
moins complète de ce principe, et sur l'importance
plus ou moins grande qu'il faut donner en pareille
matière, soit au domicile des étrangers, soit à l'intérêt des nationaux qui pourrait dans certains cas
se trouver compromis. Je pourrais démontrer également que les travaux préparatoires de l'art. 3 et
des articles qui lui correspondaient dans les projets
successifs, ont une grande importance en ce qui
concerne la loi qui doit régir les meubles. Les auteurs admettent généralement qu'il résulte de ces
changements de rédaction qu'il a été dans l'intention du Conseil d'État de conserver l'ancien principe d'après lequel les meubles, considérés comme
un ensemble constituant la fortune mobilière d'une
personne, doivent être régis par la loi du domicile :
quasi ossibus inhærentia.

Je pourrais aussi rappeler l'importance des travaux préparatoires, pour la solution des nombreuses
questions qui s'élèvent au sujet de la loi qui doit
régir la forme des actes et la preuve des obligations. Mais je ne veux pas trop multiplier les exemples ; ce que j'ai dit doit suffire pour faire comprendre ce genre d'argumentation.

Le mérite intrinsèque des travaux préparatoires

et spécialement des discussions qui ont eu lieu dans le sein du Conseil d'État a donné lieu à des appréciations bien diverses. Je les ai souvent entendu critiquer très-vertement et très-spirituellement par un de mes anciens maîtres, M. le professeur Thibaut, dans un cours qu'il donnait à l'université de Heidelberg sur le Code Napoléon, en grande partie conservé dans le grand-duché de Bade. Ces discussions sont appréciées avec plus de bienveillance par M. Troplong dans la préface de son *Commentaire sur la vente n° 4.*

Il serait, je crois, peu équitable de les juger sévèrement d'après le résumé assez décoloré qui nous en a été conservé. Quelle que soit d'ailleurs l'idée que l'on se forme à cet égard, ces documents n'en conservent pas moins une grande importance pour l'interprétation des codes.

CHAPITRE III.

Des rubriques servant à désigner les diverses divisions et subdivisions des codes et des lois.

Ces rubriques paraissent devoir être classées au nombre des travaux préparatoires, parce qu'elles ne font pas, à proprement parler, partie de la loi, ainsi que la Cour de cassation l'a jugé par arrêt du 14 décembre 1821, affaire du ministère public contre Pierre Guillemain, et parce qu'elles ne contiennent aucune disposition qui doive constituer une règle et qu'elles ne servent qu'à annoncer les dispositions qui vont suivre. Elles n'ont généralement pas été soumises à la discussion et à une votation précise et détaillée comme il arrive pour le texte même de la loi. Elles forment, pour ainsi dire, l'encadrement de la loi dont elles classent et répartissent les dispositions diverses. Il faut cependant ajouter que, sans avoir été votées comme loi, elles n'en ont pas moins été soumises au Législateur, elles n'en ont pas moins été acceptées comme accessoires de la loi, et n'en avaient pas moins pour but d'indiquer l'ordre et la corrélation qui doivent exister entre les diverses parties de celle-ci.

On sent très-bien qu'elles ne peuvent pas avoir la même importance que la loi, mais qu'elles ne peuvent cependant pas être complétement négligées comme moyens d'interprétation. La classification des articles et leur distribution dans diverses catégories se rapportant chacune à un sujet déterminé et désigné, ne peuvent manquer d'avoir quelque importance à cet égard.

Je pense même que chaque rubrique doit être

présumée régulière, et que, sauf preuve ou présomption contraire, il faut admettre que les dispositions qu'elle comprend se rapportent uniquement au sujet désigné par cette rubrique. Mais il ne faut pas oublier, cependant, que la loi n'est pas un manuel théorique, que chaque disposition légale doit être considérée en elle-même autant que dans ses rapports avec celles qui la précèdent ou qui la suivent, que non-seulement dans le travail primitif du projet on a pu énoncer un principe général à l'occasion de dispositions particulières, mais encore qu'il peut arriver que quelque amendement soit venu déranger la symétrie du projet, ce qu'il est souvent très-facile de constater.

J'ouvre, par exemple, presque au hasard le Code civil à la section 2 du chapitre 2 du titre 8, du livre III. Cette section est intitulée : *Des règles particulières aux baux à loyer*. Il est cependant impossible de ne pas reconnaître qu'il se trouve sous cette rubrique plusieurs dispositions manifestement applicables aux baux à ferme. On peut citer, en particulier, dans ce sens, les art. 1753 et 1761, sans entrer dans la série de questions qui se présentent à l'occasion des immeubles mixtes. Si cette observation se réalise quand il s'agit d'un sujet divisé en trois sections, consacrées, une aux règles communes, et les deux autres chacune aux règles spéciales, à un mode particulier de bail, nous devons nous attendre à la voir se représenter souvent pour des sujets moins systématiquement divisés.

En voici un exemple, qui tient à un amendement. On trouve, en tête du chapitre de la tutelle, un article 389 ainsi conçu : « Le père est durant le mariage administrateur des biens personnels de ses enfants mineurs. Il est comptable quant à la propriété et aux revenus, » etc. — Il s'agit manifestement ici de la puissance paternelle et non de la tutelle.

Dans le titre intitulé : *De la puissance paternelle,* le Législateur a principalement considéré cette institution comme un droit et une prérogative du père, et c'est aux articles 203 et 389 qu'il faut recourir pour compléter ce qui tient à cette prérogative par l'étude des obligations dont elle est accompagnée. On avait omis dans le principe de s'occuper de l'administration légale qui constitue à la fois un droit et un devoir. Cette lacune a été comblée par l'addition de l'article qui nous occupe.

On se tromperait gravement si on voulait conclure de la place occupée par cet article 389 que l'administration légale qu'il prévoit doit être soumise à toutes les règles de la tutelle. Non-seulement cette administration s'exerce dans d'autres conditions que la tutelle, mais encore un grand nombre des dispositions qui régissent celle-ci ne pourraient lui être applicables, parce que durant le mariage il n'y a pas de subrogé tuteur.

On se tromperait également si on déclarait d'une manière absolue qu'aucune disposition relative à la tutelle ne saurait être applicable à l'administration légale du père.

Ce n'est pas seulement lorsqu'un principe général se trouve énoncé à l'occasion de dispositions spéciales que les rubriques doivent perdre leur importance ; l'élément logique et systématique de l'interprétation est appelé à jouer ici un rôle considérable et à modifier très-souvent les résultats qui paraissent devoir ressortir de la contexture de la loi. Il se peut que telle disposition se rapportant à un sujet tout spécial ne soit que la conséquence d'un principe général, et que ce principe soit applicable dans bien d'autres circonstances que celle qui a été spécialement prévue sous telle rubrique. Il se peut aussi que l'analogie ou tel autre genre d'argument manifeste la convenance, quelquefois même la nécessité, de faire à certains cas non prévus par la loi l'application d'une disposition qui ne se rapporte textuellement qu'à un sujet tout spécial, et se trouve par conséquent comprise sous une rubrique précise et déterminée. Ce serait empiéter sur la suite de ce travail que d'insister plus longuement ici sur de pareilles considérations.

Voici pour terminer ce qui tient à ce sujet l'indication de quelques arrêts de la Cour de cassation, se rapportant à l'importance des rubriques comme moyen d'interprétation. Cass., 30 juillet 1811, affaire Demontis contre Houdaigue ; 14 décembre 1821, affaire Guillemain ; 8 février 1840, affaire Marchetti; 7 novembre 1840, affaire Grillon.

On peut également consulter ce que dit sur ce genre d'argumentation et sur l'importance des travaux préparatoires en général, M. Locré, l'ancien secrétaire du Conseil d'État, dans le grand ouvrage que j'ai déjà bien souvent cité. Dans cet ouvrage M. Locré nous a conservé la partie la plus précieuse des travaux préparatoires, soit le procès-verbal des discussions qui ont eu lieu dans le sein du Conseil d'État, les observations du Tribunat et les discours prononcés pour appuyer ou pour combattre les divers projets de loi, tant devant cette dernière assemblée que devant le Corps législatif, appelé à statuer définitivement sur le sort de ces projets.

A la fin de la partie de cet ouvrage qui se rapporte au Code civil, on trouve une dissertation des-

tinée à prouver l'importance des arguments qu'on
peut y puiser pour l'interprétation de la loi, et à
indiquer quel usage il faut faire de ces documents.

CHAPITRE IV.

De la loi du 30 ventôse, an XII, et de son impor-
tance quant à l'interprétation du code civil.

Je dois, avant de terminer ce qui tient à cette
partie historique, attirer quelques instants l'attention sur la loi du 30 ventôse, an XII, que j'ai déjà
mentionnée plus haut et qui a terminé la rédaction
du Code civil, en réunissant en un seul corps les
diverses lois dont il se compose. L'article 7 de cette
loi est ainsi conçu : « A compter du jour où les
lois (qui forment le Code civil) sont exécutoires,
les lois romaines, les ordonnances, les coutumes
générales ou locales, les statuts, les règlements ces-
sent d'avoir force de loi générale ou particulière
dans les matières qui sont l'objet des dites lois
composant le présent code. »

Cet article, sagement entendu et combiné au besoin avec la discussion qui s'éleva dans le sein du
Conseil d'État, au sujet de la loi dont il s'agit, me

paraît confirmer complétement ce que j'ai dit précédemment sur les rapports qui doivent exister entre le Code civil et l'ancien droit.

Malgré les difficultés de détail qui se sont élevées sur l'application du principe qui vient d'être énoncé, ce principe n'en fixe pas moins avec assez de netteté et de précision quelle doit être l'autorité respective du Code civil et de l'ancien droit. Ce n'est qu'en ce qui concerne les matières qui ne font pas l'objet des lois composant le Code civil que l'ancien droit conserve son autorité comme tel. Sauf les matières spéciales qui lui ont été réservées, cet ancien droit est abrogé en tant que droit proprement dit. Il n'a point été conservé comme dans certains pays en qualité de droit subsidiaire ayant force de loi toutes les fois que la loi nouvelle garde le silence sur une question spéciale.

C'est là, je n'hésite pas à le dire, une grande supériorité du Code civil sur les législations qui ont adopté le système opposé. C'est avec raison que le Conseil d'État a refusé de conserver l'ancien droit avec une autorité subsidiaire invocable au sujet des questions et des cas qui ne se trouveraient pas décidés par le Code civil, comme le proposait le consul Cambacérès. Cette décision était seule conforme au système de codification ; car, avec un ensemble de lois qui doit former tout un Code civil, c'est-à-dire régler systématiquement tout ce qui tient au droit civil d'un peuple, il est impossible d'admettre une législation subsidiaire. Il aurait fallu pour cela mettre des limites au développement logique et systématique des principes énoncés dans le Code, ou admettre une lutte incessante entre ce développement et les dispositions de la loi subsidiaire.

Il en serait né une véritable anarchie résultant de ce que dans chaque cas particulier il aurait fallu décider si la question pouvait être tranchée par une argumentation tirée d'une manière plus ou moins immédiate des dispositions du Code, ou s'il était nécessaire de recourir à l'autorité du droit subsidiaire.

Il serait résulté d'un pareil système une législation incohérente, produit de la juxta-position d'éléments divers. L'unité du droit qu'on se proposait d'atteindre par la confection d'un code aurait été manquée de deux manières, et la France se serait placée dans une position très-inférieure à celle qu'elle occupait précédemment.

L'ancien droit présentait, il est vrai, une foule de différences locales, mais au moins on pouvait s'attendre à trouver dans le droit régissant chaque localité, une certaine unité systématique, résultant d'un long travail de développements, de combinaisons et de fusion. Si l'on eût adopté le système d'abord proposé, non-seulement ces différences locales auraient continué à subsister pour toutes les questions non résolues par le Code, mais encore dans chaque localité il y aurait eu lutte et désaccord entre le droit commun résultant du Code et les dispositions du droit subsidiaire ; l'unité ne se serait plus trouvée nulle part.

Le système adopté par cette loi, bien loin de rabaisser, comme on l'a craint, les études du droit, les a, au contraire, considérablement relevées et les a placées à un niveau qui ne laisse certainement rien à désirer aux esprits avides de recherches et de combinaisons savantes.

On peut affirmer, il est vrai, qu'en réunissant dans un petit volume les principes fondamentaux du droit, le Code civil en a facilité l'accès, même aux personnes qui ne peuvent en faire une étude spéciale, et c'est un grand bienfait. Malgré cela, l'étude approfondie du droit restera toujours une science, et cette science sera d'autant plus relevée et pourra se développer d'autant plus sûrement, qu'elle pourra s'appuyer sur un plus grand nombre d'éléments de conviction.

L'étude de l'histoire du droit et spécialement

celle des législations et des doctrines antérieures n'a point été rendue inutile ni superflue par la promulgation du Code. Bien au contraire, elle peut seule en faire bien comprendre l'esprit et la portée, mais elle doit à cet égard se conformer à une nouvelle obligation, celle de faire concorder ces anciens documents avec la législation nouvelle. Il y a là tout un nouveau travail de combinaisons. Quant à l'élément logique et systématique de l'interprétation, science relevée qui consiste à mettre en présence les uns des autres les divers textes dont se compose la loi, à les rapprocher des sources d'où ils ont été tirés et des faits qui ont eu plus ou moins d'influence sur leur adoption définitive, pour saisir plus sûrement le sens de ces textes et en faire mieux ressortir toutes les solutions qu'ils peuvent renfermer implicitement ; cette science, loin d'être devenue superflue, est plus indispensable que jamais, le droit devant ressortir complet de textes très-concis.

Je crois pouvoir conclure de ce qui vient d'être dit que la loi du 30 ventôse, an XII, vient complétement à l'appui de ce que j'ai dit sur l'élément historique de l'interprétation du Code civil, et qu'elle justifie également le travail auquel nous allons nous livrer au sujet de l'élément logique et systématique de l'interprétation. Nous verrons plus tard quelle place elle laisse à l'élément philosophique, et nous pourrons constater que, là aussi, la science n'a pas perdu ses droits.

TITRE III.

—

DE L'ÉLÉMENT LOGIQUE ET SYSTÉMATIQUE.

———

CHAPITRE PREMIER.

Considérations générales.

La législation de chaque État se compose d'un ensemble de dispositions qui sont toutes obligatoires, d'où résulte que chacune de ces dispositions se rattache aux autres, et doit, autant qu'il est possible, s'interpréter de manière à concorder avec cet ensemble.

Cette règle ressort, soit de la nature des choses qui établit entre les pensées des liens intimes, de telle sorte qu'elles dépendent les unes des autres, et doivent s'interpréter les unes par les autres, soit de la nécessité d'éviter autant que possible des anomalies par suite desquelles il faudrait choisir entre diverses dispositions légales, se conformer aux unes et repousser l'application des autres, parce qu'elles seraient contradictoires aux premières.

La nature des choses conduit en conséquence à faire à l'interprétation de la loi l'application de l'article 1161 du Code civil, d'après lequel toutes les clauses des conventions s'interprètent les unes par les autres, en donnant à chacune le sens qui résulte de l'acte entier.

Le droit romain contenait, à cet égard, une disposition formelle et directement applicable. La loi 24, au Digeste, *de Legibus*, livre I, titre 3, s'exprime ainsi : *Incivile est, nisi tota lege perspectâ, una aliquâ particulâ ejus propositâ, judicare, vel respondere.*

Cette règle a été généralement reconnue par les auteurs, malgré la diversité des opinions qu'ils ont adoptées sur l'origine et le développement du droit. Cette diversité a dû nécessairement influer sur l'application de ce principe, qui doit en effet s'appuyer sur des éléments assez différents, suivant l'importance respective que l'on accorde à l'élément législatif et à l'élément coutumier ou à tel autre élément générateur du droit[1].

---

[1] On peut voir quelles sont les objections que M. Stahl fait à cet égard à l'école philosophique, dans son bel ouvrage sur la *Philosophie du droit,* vol. II, livre 2, section 1.

Le principe lui-même n'a pas été contesté, et, sans nous engager dans une discussion qui nous mènerait beaucoup trop loin sur le terrain de la théorie, nous ferons de ce principe l'application qui paraît devoir résulter de la nature de notre droit, où l'élément législatif prédomine manifestement, quoiqu'il s'appuie sur l'élément historique, ce qui fournit à nos études une base fixe et bien déterminée.

L'élément logique, dit M. de Savigny, a trait à la composition de la pensée; il repose par conséquent sur le rapport logique qui en réunit les différentes parties. L'élément systématique repose sur les rapports intimes qui lient dans une grande unité les différentes institutions et les différentes règles de droit. Ces rapports ont agi sur le Législateur; nous ne pouvons, par conséquent, saisir complétement ses pensées qu'en nous représentant avec clarté dans quel rapport chaque loi se trouve avec l'ensemble du système dont elle dépend, et quelle influence elle doit y exercer [1].

Le vrai praticien, dit Stahl [2], ne se contente pas

---

[1] *System des heutigen römischen Rechts.* Band I, Seite 214.

[2] *Die Philosophie des Rechts nach geschichtlicher Ansicht.* Band II, Abschnitt 2, Kapitel 2, Seite 166.

de conclure par voie de conséquence ; il considère les cas spéciaux qui se présentent à résoudre, comme les membres d'un même organisme ; il porte ses regards sur l'ensemble des principes dirigeants auxquels ils sont soumis ; il recherche si en suivant l'un il ne viole pas l'autre, et quelles peuvent être à leur égard les conséquences de chacune de ses décisions.

Le célèbre professeur Thibaut a consacré un ouvrage spécial à cet élément d'interprétation[1].

Deux expressions ont été adoptées pour désigner les éléments matériels sur lesquels s'appuie ce genre d'argumentation : ce sont le contexte et les parallèles.

Le contexte se compose des dispositions qui précèdent et qui suivent immédiatement celle qu'il s'agit d'interpréter. Il acquiert une grande importance, non-seulement de ce que telle disposition peut ne contenir un sens complet qu'en se combi-

---

[1] *Theorie der logischen Auslegung.* On peut parmi les anciens auteurs recommander comme étant généralement clair et d'une lecture facile le livre 2 de l'ouvrage de Rapolla *De Jureconsulto.* Rapolla était un jurisconsulte napolitain contemporain de l'illustre Vico, son compatriote. Je dois cependant ajouter que je ne l'ai lu que dans la traduction allemande de Griesinger.

nant avec celles qui la précèdent ou celles qui la
suivent, mais encore de ce que telle disposition,
pût-elle présenter par elle seule un sens complet,
ce sens se manifeste plus ou moins par les dispositions qui précèdent, ou par celles qui suivent.

La première de ces assertions se justifie d'elle-
même, s'agissant en définitive de phrases plus ou
moins incomplètes. Quant à la seconde, il serait facile de citer un grand nombre de cas où elle se vé-
rifie. Je me contenterai d'un seul exemple pour
faire comprendre ce genre d'argumentation.

Les auteurs ne sont pas d'accord sur la question
de savoir si les articles 454, 455 et 456 du Code
civil sont applicables à la tutelle des père et mère.
Aucun doute ne peut s'élever au sujet du premier
paragraphe de l'art. 454, puisque la question s'y
trouve textuellement résolue ; mais la suite de ces
articles ne présente pas un sens aussi clair et peut
à la rigueur s'entendre de toute tutelle, sauf les
exceptions pouvant résulter de l'usufruit légal ac-
cordé au père ou à la mère par l'art. 384 du même
Code. M. Demolombe, dans son *Traité de la minorité et de la tutelle*, n°ˢ 626 et suivants, s'appuie
sur le contexte pour admettre que ces articles ne
sont pas applicables à la tutelle des père et mère.
Ces articles forment en effet une série qui paraît se
rapporter aux mêmes genres de tutelles.

L'homogénéité de ces articles se manifeste plus clairement encore par leur opposition avec l'article 457, qui énonce textuellement que ses dispositions sont applicables à la tutelle des père et mère. Le même résultat paraît également ressortir des mots : «le même acte» et «ce conseil» qui se trouvent les premiers en tête de l'article 454, § 2, et les seconds en tête de l'article 455.

Les parallèles sont toutes les dispositions légales qui, tout en étant textuellement plus ou moins éloignées de celle qu'il s'agit d'interpréter, se trouvent cependant avec elle dans des rapports tels que le sens des unes doive influer sur celui des autres.

L'étude de ces rapports doit faire l'un des principaux objets de ce chapitre.

Avant de passer à ces considérations de détail, nous devons nous poser une question plus générale : Toutes les dispositions qui constituent la législation d'un État ont-elles la même autorité? Ne doit-on pas, au contraire, reconnaître une sorte de hiérarchie entre les différents éléments dont se compose le droit de chaque nation?

Les traités diplomatiques, liant les États qui y sont intervenus, doivent être considérés comme primant les législations spéciales de chacun de ces États, soit qu'il s'agisse de dispositions antérieures, soit qu'il s'agisse de dispositions postérieures à ces traités.

Dans le premier cas, les clauses du traité doivent être considérées comme abrogeant tout ce qu'il pourrait y avoir de contraire dans les législations spéciales des parties contractantes.

Dans le second cas, la législature de chaque État doit être censée vouloir se conformer au traité, et s'il y avait une véritable antinomie entre ces divers actes, le traité devrait primer la loi comme étant revêtu d'une autorité supérieure.

Il existe une hiérarchie semblable entre les lois constitutionnelles et les lois ordinaires, et entre ces dernières et les ordonnances, règlements ou arrêtés émanant du pouvoir exécutif.

Les lois constitutionnelles sont des lois d'un ordre supérieur, soumises à des conditions exceptionnelles, et ayant précisément pour but d'imposer certaines limites au pouvoir législatif ordinaire, d'où il faut conclure que toute loi doit, dans le doute, être interprétée de manière à concorder avec la constitution de l'État, et que s'il y avait antinomie, cette dernière devrait seule être prise en considération.

Quant aux ordonnances, règlements et arrêtés administratifs, ils émanent d'un pouvoir qui est soumis lui-même à la loi et dont les actes doivent par conséquent être régis par elle. La hiérarchie que nous venons d'établir entre les divers éléments qui constituent le droit d'un état se complique de nouveaux éléments quand il s'agit d'États confédérés. Il me semble que pour les cantons suisses il faut placer immédiatement après les traités internationaux et avant les constitutions cantonales toute la législation fédérale, soit la constitution, les lois et ordonnances fédérales et les concordats intervenus entre divers cantons.

Indépendamment de ces différences qui existent entre les éléments divers dont se compose la législation d'un État, toutes les dispositions contenues en une loi, ou en un ensemble de lois du même genre, ne paraissent pas avoir toujours et nécessairement le même degré d'autorité. Il y a dans la loi des principes d'un ordre supérieur devant lesquels le Législateur paraît s'incliner lui-même, et dont il impose l'observation d'une manière absolue. Ces principes sont généralement connus sous le nom de principes d'ordre public, et ils paraissent devoir prédominer dans tous les cas douteux (Code civil, article 6 et références). Il serait possible de faire ressortir d'autres différences qui existent entre les dispositions diverses dont se compose la loi ; mais ce serait empiéter sur ce que nous aurons à dire dans la suite. Il faudrait entrer à cet égard dans plus de détails que nous ne pouvons le faire ici et c'est ce que nous allons faire dans les chapitres suivants. Quant aux questions nombreuses que font naître les conflits qui s'élèvent entre les législations d'États différents et entre les lois diverses qui se succèdent dans le même État, ces questions ne rentrent pas, en général, dans le cadre de cet ouvrage, elles se rapportent principalement à l'application et non à l'interprétation des lois. Nous aurons plus tard à nous occuper de quelques-unes de ces questions qui se présentent sous ce dernier aspect et rentrent par conséquent dans le cadre de ces études.

CHAPITRE II.

Des principes, de leurs conséquences, et de la méthode d'induction.

On peut dire, dans une certaine mesure, que chaque disposition légale est un principe, parce qu'elle ne doit pas régir un fait individuel et concret, mais bien un ensemble de faits soumis à la même règle.

Malgré ce caractère commun de généralité, il est impossible de ne pas reconnaître qu'il existe à cet égard toute une hiérarchie entre les diverses dispositions qui composent la loi.

Les unes renferment des principes féconds dont les autres ne sont souvent que l'application, la conséquence ou le développement.

Il y a dans ces rapports de filiation un puissant élément d'interprétation qui me paraît devoir être régi par les règles suivantes qui résultent de la nature des choses.

I. Ces principes énoncent des règles générales qui, en tant que manifestation de la volonté du Législateur, tirent leur force moins du but et des motifs qui ont pu les faire admettre que de la sanction même qu'elles ont reçue. Il doit en résulter d'une manière générale toutes les fois que le texte de la loi est clair et positif :

1° Que ces règles doivent être observées lors même que le but et les motifs sur lesquels elles reposent échappent à notre connaissance. *Non omnium quæ a majoribus constituta sunt, ratio reddi potest*, dit la loi 20 au Digeste *de Legibus*.

2° Qu'elles n'en conservent pas moins leur empire lorsque ce but et ces motifs perdent leur importance, à moins qu'il n'y ait dans quelque loi postérieure une abrogation expresse ou tacite, ou que l'ordre de choses n'ait tellement changé que la loi ne puisse plus être exécutée[1].

3° Que les cas particuliers qui paraissent échapper à l'empire de ce but et de ces motifs, n'en sont pas moins soumis aux règles promulguées quand le texte où ces règles sont énoncées ne peut donner lieu à aucun doute[2]. On peut, à l'appui des observations qui précèdent, faire observer combien il est difficile de connaître exactement les divers motifs qui ont agi sur le Législateur et d'être certain qu'il n'y en a pas d'autres que ceux qui se manifestent d'une manière plus ou moins apparente. Cela est particulièrement difficile quand il s'agit de lois votées par une législature nombreuse et complexe.

Il est également bien difficile d'être certain que le Législateur, tout en agissant en vue d'un but

---

[1] Merlin, *Répertoire*, aux mots *Motifs des Lois*, n⁰ 3.

[2] Dalloz aîné, *Répertoire*, mot *Loi*. n° 508. — Thibaut, *Logische Auslegung*, Seite 101, etc. — Savigny, *System*, Band I, § 34. — Glück, *Pandekten*, Band I, Seite 247. — Digeste, *de Legibus, lex 5 : Ad ea potius debet aptari jus, quæ et frequenter et facile, quam quæ perraro eveniunt. — Lex 4 : Ex his, quæ forte uno aliquo casu accidere possunt, jura non constituuntur.*

certain et d'après des motifs déterminés et bien connus, n'a pas voulu sciemment procéder par voie de disposition générale afin d'éviter l'arbitraire et d'être certain d'atteindre le but proposé. L'art. 1352 du Code civil relatif aux présomptions légales nous fournit un exemple de cette manière de procéder.

Les observations qui précèdent doivent laisser intacte l'importance du but et des motifs de la loi, pour servir de moyen d'interprétation toutes les fois qu'il se présente quelque obscurité.

A ce point de vue, on peut aller plus ou moins loin selon qu'il est plus ou moins certain que telle loi a bien tel but, que ce but est sans application dans tel cas et que la disposition légale ne se rapporte pas à ce cas.

II. Ces principes doivent s'interpréter en général de manière à se concilier et à ne pas empiéter les uns sur les autres.

Il en résulte qu'ils se restreignent quelquefois les uns les autres.

C'est ainsi, par exemple, que l'art. 1188, qui déclare que le débiteur ne peut plus réclamer le bénéfice du terme lorsqu'il a fait faillite, paraît au premier coup d'œil en contradiction avec l'art. 1134, en vertu duquel les conventions légalement formées tiennent lieu de lois à ceux qui les ont faites. Mais cette disposition n'est en définitive que la conséquence du principe énoncé en l'art. 2093 du même Code ainsi conçu : « Les biens du débiteur sont le gage commun de ses créanciers ; et le prix s'en distribue entre eux par contribution, à moins qu'il n'y ait entre les créanciers des causes légitimes de préférence. » La faillite devant nécessairement amener la liquidation immédiate de l'actif du failli, les créanciers à terme auraient perdu leurs créances s'ils n'eussent pu prendre part aux répartitions provenant de cette liquidation. Il était par conséquent convenable de restreindre pour ce cas les conséquences de l'art. 1134, cité plus haut, et dans ce conflit de deux principes opposés, ce dernier article devait être restreint, puisqu'il était impossible de le concilier avec l'art. 2093, et que le débiteur se trouvant en état d'insolvabilité complète, ne pouvait plus en profiter.

Il résulte de la nature des choses, que quand il s'élève un conflit entre deux dispositions légales qui apparaissent comme devant conduire à des résultats opposés, celle de ces dispositions qui se rapporte le plus directement et le plus spécialement au sujet dont il s'agit, doit être appliquée préférablement à l'autre. Il faut y voir au besoin une exception au principe général, ce dernier statuant sur les cas ordinaires et la disposition spéciale énonçant la volonté du Législateur au sujet de certains cas particuliers. Ce principe est clairement énoncé dans la loi 80 au Digeste *de Regulis juris* : *In toto jure generi per speciem derogatur, et illud potissimum habetur quod ad speciem directum est*[1].

Voici un exemple qui me paraît pouvoir faire mieux comprendre ce principe : L'art. 506 du Code civil déclare que le mari est de droit le tuteur de la femme interdite. On se demande s'il en sera de même en cas de séparation de biens et en cas de séparation de corps prononcée contre le mari. Il paraît raisonnable et logique d'admettre que l'article 506 se rapporte au mariage existant dans son état normal et qu'il doit cesser de recevoir son application dans les circonstances extraordinaires qui ont engagé le Législateur à modifier les effets ordinaires du mariage par l'adoption de mesures incompatibles avec le principe général énoncé en l'art. 506. — Cette femme que la séparation de corps a soustraite aux brutalités de son mari, il

---

[1] Voyez sur cette loi les commentaires de Jacques Godefroy et de Dantoine.

est impossible que le Législateur ait entendu la soumettre en qualité de pupille aux mêmes sévices et aux mêmes dangers. Cette dot que la séparation de biens a enlevée à l'administration du mari dissipateur ou malheureux, il est inadmissible que le Législateur ait voulu la confier de nouveau à ce dernier en qualité de tuteur. Ces considérations pourraient d'ailleurs dans un grand nombre de cas trouver un puissant appui dans l'art. 444 du Code civil [1].

III. Le sens d'une disposition particulière se manifestera toujours d'une manière beaucoup plus claire et beaucoup plus sûre quand on la rapprochera du principe d'où elle dérive. C'est ainsi que l'étude de ce qu'on appelle les petits contrats, compris au titre VI et suivants du Livre III du Code civil consiste fort souvent à rapprocher les dispositions qui régissent ces contrats des principes généraux compris au titre des obligations conventionnelles en général.

IV. Les dispositions particulières dérivant d'un principe commun, doivent en général s'interpréter dans le même sens.

---

[1] Voyez sur cette question : Dalloz aîné, *Répertoire*, au mot *Interdiction*, n° 162. — Demolombe, *De l'Interdiction*, n°s 568 et suivants.

Vᵒ Les conséquences textuellement énoncées par le Législateur et provenant d'un principe écrit dans la loi peuvent, dans un grand nombre de cas, servir à faire mieux comprendre le sens et la portée de ce principe.

Les trois principes que nous venons d'énumérer en dernier lieu dérivent d'une source commune ; il me semble en conséquence qu'il doit suffire de citer un seul exemple pour les faire mieux comprendre. La rédaction de l'article 458 du Code civil et la combinaison de cet article avec ceux qui le suivent pourraient facilement faire admettre que l'homologation du tribunal ne serait nécessaire que pour le cas d'aliénation. Cette solution paraît cependant manifestement erronée quand on compare cet article avec l'article 483 du même Code qui se rapporte au mineur émancipé.

Soit que l'on considère ces deux articles comme dérivant du même principe, soit que l'on considère l'article 483 comme n'étant qu'une application spéciale des articles 457 et suivants, par suite de l'assimilation établie par l'article 484 entre les deux catégories de mineurs pour tous les actes excédant ceux de simple administration, il paraît bien difficile de ne pas admettre que ces deux articles 458 et 483 doivent être entendus dans le même sens, et le dernier de ces articles étant beaucoup plus clair que le premier, doit tout naturellement lui servir d'interprétation. Le Législateur ayant exprimé deux fois la même idée, il convient de s'arrêter à l'expression la plus claire [1].

Les principes généraux sont le plus souvent directement énoncés comme tels dans le texte de la loi. Il arrive cependant assez souvent qu'ils ne se manifestent que d'une manière plus ou moins incidente, ou plus ou moins implicite. Il en résulte un genre d'argument très-usité qui consiste à s'élever à un principe en le faisant ressortir des dispositions légales qui paraissent en découler.

Ce genre d'argument est d'une application fréquente en droit romain et en droit canon. Mais il se présente alors sous une forme assez différente de celle qu'il revêt en droit français.

Une grande partie des dispositions qui se trouvent comprises dans les documents qui constituent le droit romain et le droit canon proviennent d'avis de jurisconsultes, de rescrits et de décrets des empereurs et des papes.

---

[1] Voyez, sur cette question : Demolombe, *De la Minorité*, n° 730. — Dalloz aîné, *Minorité*, n° 531, et les autorités qu'ils citent en sens divers.

Ces décisions, qui se rapportent souvent à des questions assez spéciales, sont généralement tirées de principes de droit qui étaient en vigueur au moment où elles ont été prises et qui devaient leur servir de justification.

Quant à l'appui d'une décision spéciale admise dans le texte ou dans ce qu'on appelle le corps du droit romain ou le corps du droit canon, l'auteur de cette décision, qu'il soit pape, empereur ou jurisconsulte, énonce le principe sur lequel il l'appuie, ce principe se trouve par le fait admis implicitement tout au moins, comme devant avoir force de loi, et peut être, en conséquence, invoqué comme tel.

Ce sujet a été très-bien traité dans l'ouvrage de M. le professeur Thibaut, sur l'interprétation logique, § 16.

Voici un exemple qui est tiré de cet ouvrage et qui fait très-bien comprendre ce genre d'argumentation.

Certains débiteurs jouissaient du bénéfice de ne pas pouvoir être actionnés au delà de leurs forces. Il fallait même leur laisser de quoi vivre lorsqu'ils ne pouvaient pas pourvoir à leur existence par leur travail. C'est ce que l'on appelait *beneficium competentiæ* ou *deductionis*.

On se demandait si les associés devaient jouir entre eux d'un pareil bénéfice ; le jurisconsulte Ulpien, dans un passage qui a été admis au Digeste, livre XVII, titre 2, *pro socio*, loi 63, résout la question dans un sens affirmatif. « Il y a, dit-il, pour cela une excellente raison, c'est que la société renferme en elle-même comme un droit de fraternité : *Hoc enim summam rationem habet, quum societas jus quodammodo fraternitatis, in se habeat.*

Nous n'avons pas à nous préoccuper ici de la régularité logique de ce raisonnement qui ne peut se justifier que par le recours à un très-large sentiment d'équité. Ce qu'il y a de certain, c'est que le jurisconsulte n'adopte la solution qu'il propose que parce qu'elle lui paraît découler d'un principe supérieur d'après lequel les frères jouiraient entre eux du bénéfice dont il s'agit. Cette solution ayant été admise dans le Digeste, il en résulte qu'il faut considérer comme y ayant été également admis le principe de droit qui est textuellement énoncé comme lui servant de base.

Nos codes modernes ont un caractère bien différent ; on y voit prédominer l'élément législatif et ce genre d'argument paraît devoir être sans application en ce qui les concerne. Nous trouvons toutefois dans l'interprétation de nos lois modernes et spécialement

7

dans celle du Code civil, un mode d'argumentation qui conduit à des résultats assez semblables, mais qui se présente sous une tout autre forme, se trouve soumis à d'autres conditions et ne doit pas être appliqué d'une manière aussi absolue.

Nous avons vu qu'un grand nombre de dispositions législatives dérivent d'un principe supérieur dont elles ne sont que la conséquence ou l'application.

Il arrive souvent que ces principes ne sont pas énoncés textuellement, mais qu'ils se manifestent d'une manière implicite et indirecte parce qu'il est plus ou moins certain qu'ils ont réellement servi de base à une ou plusieurs dispositions particulières.

Ces principes ayant servi de règles au Législateur, il paraît naturel que l'interprète les prenne en considération, soit pour élucider ce qu'il peut y avoir d'obscur dans ces dispositions particulières, soit pour interpréter celles-ci de manière à les faire concorder les unes avec les autres, soit pour suppléer à leur silence.

On voit ici se manifester très-clairement la différence qui existe entre ce genre d'argument et celui que nous venons d'étudier. En droit romain et en droit canon le principe est énoncé textuellement, quoiqu'il ne le soit que d'une manière incidente, à l'occasion d'une disposition particulière. Un principe énoncé de cette manière paraît devoir ressortir les mêmes effets que s'il eût été directement et explicitement formulé comme tel. En droit français, au contraire, le principe n'est pas énoncé textuellement, il ne l'est pas même d'une manière incidente ; il ne se manifeste que très-implicitement par l'influence qu'il paraît avoir exercée sur le Législateur, en lui faisant admettre un nombre plus ou moins considérable de dispositions particulières qui paraissent en dériver.

Il résulte de cette différence que ce dernier genre d'argument ne présente pas le même degré de certitude que le premier, et qu'il a besoin d'être entouré d'un certain nombre de garanties. Il faut aussi se demander si des principes qui ne sont ainsi mis en lumière que par un procédé logique, peuvent ou doivent recevoir leur application d'une manière aussi absolue que ceux qui sont textuellement énoncés dans la loi.

On appelle méthode d'induction le procédé par lequel on conclut du particulier au général ; c'est manifestement à cette méthode qu'appartient le genre d'argument qui nous occupe actuellement. Il paraît résulter de ce rapprochement les règles suivantes :

Cet argument est d'autant plus concluant :

1° Que les dispositions particulières sur lesquelles il s'appuie, sont plus nombreuses et plus concordantes.

2° Que ces dispositions et le principe supérieur d'où elles paraissent dériver sont plus conformes au droit commun, et se trouvent plus en harmonie avec l'ensemble de la législation.

3° Que l'interprète est plus certain que le principe auquel il s'élève était admis, soit par la doctrine, soit par le droit en vigueur, au moment où la loi a pris naissance, et que rien n'annonce que le Législateur ait voulu innover à cet ancien ordre de choses.

4° Qu'il résulte d'une manière plus évidente, soit des travaux préparatoires, soit de la nature des choses, soit de tout autre indice, que le Législateur a eu l'intention de se conformer au principe qu'il s'agit d'admettre.

Je crois devoir ajouter, comme cinquième règle, que les principes, ainsi mis en évidence, ne peuvent pas avoir un caractère d'autorité aussi absolue que ceux qui sont textuellement et directement énoncés dans la loi.

Ces principes ne se sont en effet manifestés législativement que par les conséquences que le

Législateur en a déduites et qu'il a trouvé convenable d'énoncer textuellement. Comme principes, ils sont restés à l'état de théorie ou de doctrine ; il est, par conséquent, possible et convenable de leur faire subir toutes les exceptions qui paraissent résulter de la nature des choses, ou de quelque disposition légale, ce qui ne doit cependant porter aucune atteinte à l'application des dispositions qui paraissent en découler et qui ont été textuellement énoncées dans la loi. L'absence d'un texte formulant le principe dispense de la nécessité de s'appuyer sur un texte pour justifier les exceptions qu'il paraît convenable de lui faire subir.

La grande difficulté de formuler, d'une manière complète et convenable, les exceptions que doit subir un principe a souvent été pour le Législateur un motif de ne pas formuler ce principe, de le laisser à l'état de doctrine, et de n'énoncer textuellement qu'un certain nombre des conséquences qui en résultent.

Je terminerai ce chapitre par l'exposé de quelques exemples propres à faire comprendre plus facilement les considérations que je viens d'exposer.

Voici d'abord une polémique célèbre, où la convenance d'admettre l'induction est fortement con-

testée. L'art. 1743 du Code civil est ainsi conçu :
« Si le bailleur vend la chose louée, l'acquéreur
ne peut expulser le fermier ou le locataire qui a
un bail authentique, ou dont la date est certaine, à
moins qu'il ne se soit réservé ce droit par le contrat
de bail.»

On ne peut méconnaître que dans cette disposition le bail ne soit considéré comme conférant au
locataire, ce que l'on appelle spécialement un droit
réel, en ce sens que dans l'hypothèse prévue, ce
droit est opposable aux tiers et paraît en conséquence s'attacher à la chose. N'est-ce là qu'une
disposition spéciale ne devant ressortir ses effets que
dans les cas prévus par elle, ou faut-il y voir, au
contraire, la conséquence d'un principe général
d'après lequel le bail devrait dans tous les cas con-
férer au locataire des droits réels?

Telle est la question qui a été soulevée par M.
Troplong dans son *Traité du bail*, n°s 5 à 20 et 482
et suivants. Ce célèbre jurisconsulte voit dans l'art.
1743 l'indice d'un changement complet de système
tendant à admettre que le bail confère au locataire
un vrai droit réel, opposable aux tiers dans tous
les cas.

Cette induction hardie a soulevé de nombreux
débats et a été assez généralement rejetée, malgré

l'admirable talent et la grande autorité de l'auteur qui s'en est fait le patron.

Sans entrer dans un examen approfondi de cette question qui a donné lieu à de nombreux écrits, je veux résumer en quelques mots seulement les motifs qui paraissent devoir faire repousser une pareille induction :

1° L'art. 1743 est isolé, cela seul suffirait pour qu'il fût dangereux d'y voir l'indice d'un principe général.

2° Cet article prévoit une hypothèse où il y avait une importance spéciale à maintenir le bail.

3° Cet article, en tant que concédant au locataire un droit réel, loin d'être en harmonie avec les autres dispositions légales qui se rapportent au bail, paraît au contraire en désaccord avec elles. L'art. 1709, qui définit le bail, présente ce contrat comme engendrant une obligation personnelle consistant à faire jouir de la chose. Cette même obligation personnelle se retrouve dans l'art. 1719, qui est lui-même un principe fécond en conséquences.

4° Le bail ne conférait que des droits personnels d'après le droit romain et l'ancien droit français. Que le Législateur moderne ait trouvé convenable de modifier ce système dans une de ses conséquences qui pouvait paraître particulièrement regrettable par l'insécurité qu'elle produisait, cela est évident, mais il n'en résulte pas qu'il ait eu l'intention de rejeter complétement l'ancien principe pour en admettre un tout nouveau.

Un pareil changement se serait probablement annoncé d'une manière directe et non pas incidemment par une seule disposition particulière ; c'est dans la définition même du bail qu'il aurait été naturel de l'énoncer. Or, cette définition n'indique, comme nous l'avons vu, qu'une obligation personnelle. Ce n'est pas ainsi que la loi s'exprime quand elle veut admettre un droit réel (Code civil, art. 578, 637, 2114).

Enfin, un pareil changement aurait très-probablement laissé dans les travaux préparatoires les traces d'une discussion générale sur un sujet d'une telle importance.

Telles sont les principales raisons qui paraissent devoir faire rejeter l'induction, dans le cas particulier qui nous occupe.

Voici, pour terminer, un certain nombre d'exemples où l'induction paraît justifiée, parce qu'elle s'appuie sur un certain nombre de dispositions et qu'elle conduit d'ailleurs à des principes conformes à la raison et au droit commun.

Tout administrateur du bien d'autrui doit rendre

compte de sa gestion. Code civil, art. 1993, 1372, 389, 469, 370, 125, 1577.

Nul ne peut s'enrichir aux dépens d'autrui, 1375, 1381, 1632, 1673, 1796, 1864, 1890, 1926, 2080. Loi 206 au Digeste de *Regulis juris*.

Nul ne peut concéder plus de droits qu'il n'en a lui-même, 2182, 929, 865, 2125, 952, 954, 963, 1664. Loi 54 au Digeste de *Regulis juris*.

La loi fait elle-même un grand nombre d'exceptions à ce principe, spécialement dans les art. 132, 790, 2279, 2280, 1141. La position plus favorable faite à la bonne foi en matière de prescription, paraît également basée sur une pareille exception. Code civil, art. 2265 et suivants.

La Cour de cassation a aussi admis une exception à ce principe, en faveur des personnes qui ont acquis de bonne foi de l'héritier apparent des biens dépendant d'une succession, dont ce dernier a été dans la suite évincé. C'est là une des plus importantes questions qui se soient élevées sur l'interprétation du Code civil. On peut lire dans le Répertoire de M. Dalloz aîné au mot *Succession*, n°s 541 et suivants, le résumé de cette grande polémique et l'indication des autorités diverses qui s'y rapportent [1].

---

[1] Voyez spécialement les arrêts de la Cour de cassation, rendus les 3 août 1815 et 16 janvier 1843.

Les administrateurs de biens d'autrui peuvent en général concéder à titre de bail un droit de jouissance qui persiste après que leur propre jouissance a cessé d'exister. 1429, 1430, 450, 595, 1718, 1673. Ce principe dérive de ce que les baux de neuf ans ou au-dessous sont généralement considérés comme des actes de pure administration. Code civil, art. 481 et 484. Il fallait d'ailleurs concéder le droit d'administrer utilement en accordant quelque sécurité aux locataires.

Locus regit actum, 999, 47, 48, 994, 170. Ce principe ne paraît pas rigoureusement applicable aux actes sous signatures privées. Les mêmes considérations ne s'appliquent pas avec autant de force à cette dernière catégorie d'actes[1].

Celui qui a les avantages d'une position, doit en subir les inconvénients. 1853, 1409 à 1414, 1426. Loi 10 au Digeste de *Regulis juris*.

L'accessoire suit le sort du principal. 1692, 1615, 546, 551, 1018.

La personne en demeure supporte en général les chances de perte. 1788, 1138, 1302, 1245. Loi 173 au digeste de *Regulis juris*.

[1] Voyez Dalloz aîné, *Répertoire*, mot *Loi*, n⁰ˢ 429 et suivants.

CHAPITRE III.

*Des règles, de leurs exceptions et de l'argument
d'opposition.*

Les règles reposent sur des principes dont le
sens est plus ou moins étendu et qui doivent, en
général, recevoir leur application, aussi longtemps
que par des motifs particuliers il n'y a pas été fait
une exception textuellement énoncée dans la loi.

Ce rapport de règle à exception peut souvent
servir à faire mieux comprendre le sens de l'une
et de l'autre des deux dispositions : on comprend
mieux un principe quand on sait quelles exceptions y ont été apportées, et par quels motifs ces
exceptions ont été admises. On comprend mieux
une exception quand on connaît à quel principe
elle se rapporte, quels en sont les motifs et quels
sont le sens et la portée de ce principe. L'exception
peut, dans un grand nombre de cas, constater
l'existence de la règle, lors même que celle-ci n'est
pas énoncée directement ; c'est là une des formes
de l'argument d'opposition, généralement connu
sous le nom d'argument *a contrario sensu*. [1]

[1] De Saint-Albin, *Logique judiciaire*, § 4 et 8. —
Mailher de Chassat, *Traité de l'interprétation des*

Ce genre d'argument repose certainement sur une base solide. Il est facile de le justifier en logique générale. Il est impossible de ne pas reconnaître qu'il y a des faits qui s'excluent réciproquement, de telle sorte que l'existence de l'un exclut celle de l'autre. Si je prouve, par exemple, qu'au moment où se commettait un crime dont je suis accusé, j'étais à distance du lieu où le crime a eu lieu, j'aurai par cela même démontré mon innocence. Ce moyen de défense est très-usité en matière pénale. Si je suis accusé d'avoir joué le rôle d'agresseur dans une rixe, j'établirai mon innocence en démontrant que je n'ai fait que repousser des attaques injustement dirigées contre moi-même ou contre d'autres personnes.

Une pareille opposition existe aussi entre certaines idées qui s'excluent réciproquement. En statuant, par exemple, que la minorité dure jusqu'à l'âge de vingt-un ans, la loi statue par cela même que la majorité commence à vingt-un ans. Code civil, art. 388 et 488. Autoriser un acte sous telles et telles conditions, c'est généralement le prohiber pour les cas où ces conditions ne se réaliseraient pas.

lois. §92.— Delisle, *Principes de l'interprétation*, t. I, p. 6, t. II, p. 176-207. — Mühlcnbruch, *Doctrina Pandectarum*, § 62, n°s 10-12.

Si une disposition légale se présente manifestement sous forme d'exception, on peut hardiment
en conclure qu'il existe un principe contraire. Une
loi romaine dispose, par exemple, que les femmes
convaincues d'adultère ne peuvent être admises à
témoigner en justice, on en a conclu que les femmes pouvaient généralement déposer en justice,
sauf les autres exceptions qui pourraient être textuellement énoncées ; car, si les femmes étaient
toutes exclues de cette faculté, il serait inutile d'en
exclure spécialement les femmes adultères. Digeste
de Testibus, liv. 22, tit. 5, loi 18.

Voici un exemple qui peut en même temps mon-
trer comment un principe peut dans certains cas
s'interpréter par ses conséquences, textuellement
énoncées dans la loi.

L'art. 2045 du Code civil s'exprime ainsi : « Pour
transiger il faut avoir la capacité de disposer des
objets compris dans la transaction. — Le tuteur
ne peut transiger pour le mineur ou l'interdit que
conformément à l'art. 467 au titre de la minorité,
de la tutelle et de l'émancipation ; et il ne peut
transiger avec le mineur devenu majeur, sur le
compte de tutelle que conformément à l'art. 472,
au même titre. Les communes et établissements
publics ne peuvent transiger qu'avec l'autorisation
expresse de l'Empereur. »

On peut conclure de cette disposition, par l'argument d'opposition, que toute transaction ne portant pas sur le compte de tutelle, n'est pas soumise aux prescriptions du § 2 de cet article 2045. Si toute transaction devait être soumise à cette disposition, il aurait été inutile et même irrégulier d'énoncer spécialement celles qui se rapportent au compte de tutelle.

L'art. 2045 est manifestement un cas d'application spéciale du principe énoncé en l'art. 472. Ce rapprochement sert à résoudre une question qui s'est élevée sur le sens de ce dernier article. Les mots : «Tout traité,» pris isolément et grammaticalement, semblent au premier coup d'œil indiquer tous les actes pouvant rentrer dans le sens de ces expressions générales ; mais le contexte de l'article et les motifs spéciaux sur lesquels il paraît s'appuyer, tendent à en faire restreindre le sens aux traités portant sur le compte de tutelle. Cette interprétation est confirmée par l'art. 2045 ; les transactions sont des traités, et si l'art. 472 eût été conçu dans le sens général qu'on peut être tenté de lui assigner en le prenant isolément à la lettre, l'art. 2045 eût été non-seulement inutile, mais encore très-irrégulier, puisqu'il tend au contraire à restreindre le sens et que rien ne peut faire supposer qu'il soit une disposition exceptionnelle.

L'argument d'opposition consiste donc à conclure de ce que les cas prévus en une disposition spéciale ont été résolus de telle manière que c'est une solution opposée, ou tout au moins différente qu'il faut admettre pour les cas non prévus en cette disposition.

Ce genre d'argument, quelque solide que puisse être le principe sur lequel il repose, est assez généralement considéré comme peu concluant, et comme étant d'une application difficile et dangereuse.

Il faut ajouter que, fort souvent invoqué, il se trouve souvent combattu et repoussé par des considérations plus puissantes. Ce n'est point un motif de le condamner d'une manière absolue, mais bien de le soumettre à un examen attentif, de rechercher à quelles conditions il doit être soumis pour présenter de solides garanties, et de le contrôler toujours avec soin, en le soumettant autant que possible à l'épreuve des autres procédés d'interprétation.

Nous devons, par conséquent, nous demander dans quelles circonstances la conclusion sur laquelle repose cet argument peut paraître suffisamment justifiée.

1° La première chose dont il faut s'assurer, c'est que la disposition dont on veut argumenter en sens contraire soit bien réellement une disposition exceptionnelle par sa nature ou tout au moins une disposition spéciale qui, sans être précisément une exception à quelque principe général, n'en repose pas moins sur des considérations tout particulièrement applicables aux cas qu'elle prévoit textuellement.

Il faut pour cela que le cas prévu dans cette disposition se présente lui-même entouré de circonstances particulières qui justifient l'adoption, en ce qui le concerne, d'une mesure exceptionnelle ou tout au moins spéciale. C'était le cas dans les exemples que nous avons cités plus haut : il y avait des motifs spéciaux de ne pas admettre à témoigner en justice les femmes convaincues d'adultère ; la disposition se présentait donc comme exceptionnelle, tant au fond qu'à la forme. Il était tout particulièrement convenable et même nécessaire de soumettre les transactions se rapportant au compte de la tutelle aux conditions énoncées en l'article 472, puisqu'il était tout particulièrement nécessaire dans ce cas que l'ancien pupille eût une connaissance préalable et suffisante de ce compte.

2° Il faut aussi que la disposition dont il s'agit, quelque exceptionnelle ou spéciale qu'elle puisse paraître à la forme, ne dérive pas en fait d'un principe général.

Les principes généraux ne restent pas toujours à l'état de principes abstraits; le Législateur en a souvent énoncé textuellement les conséquences, et quelque isolée que puisse être une telle énonciation, elle n'en conserve pas moins son caractère, et n'en est pas plus exceptionnelle pour cela. C'est ainsi, par exemple, que la Cour de cassation a jugé, par arrêt du 11 novembre 1813, que l'art. 109 du Code de commerce n'a rien d'exceptionnel en ce qui concerne l'admissibilité de la preuve testimoniale, et qu'il n'est que la conséquence du principe général réservé par l'art. 1341 du Code civil, comme devant recevoir son application quand il s'agirait de matières commerciales. — On doit également ne voir dans les dispositions de cet article 109, qui se rapportent aux actes et aux livres de commerce, que l'application des principes généraux énoncés aux art. 1319, 1322, 1330 du Code civil et 12 du Code de commerce.

Il est souvent possible de remonter à la cause qui, en rendant douteuse l'application d'un principe général dans tel cas donné, a rendu nécessaire de recourir à une disposition spéciale pour qu'il ne pût rester aucune incertitude à cet égard. En voici un exemple qui peut en même temps servir à confirmer ce que j'ai dit au sujet des rubriques.

L'art. 1761 est ainsi conçu : « Le bailleur ne peut résoudre la location, encore qu'il déclare vouloir occuper par lui-même la maison louée, s'il n'y a eu convention contraire. » Cet article est placé, comme nous l'avons vu, sous la rubrique des règles particulières aux baux à loyer ; en conclurons-nous que s'il s'agissait d'un bail à ferme il faudrait suivre une autre règle?

Si nous ne nous arrêtions qu'à la forme extérieure, nous pourrions être tentés d'admettre ce raisonnement. Cette disposition est en effet spéciale au bail d'une maison ; elle se trouve de plus comprise dans les dispositions se rapportant spécialement à ce genre de baux. Rien ne serait cependant plus erroné qu'un pareil raisonnement, et voici pourquoi : l'art. 1761 n'est manifestement que la conséquence du principe général, énoncé en l'art. 1134 du Code civil, qui s'énonce ainsi : « Les conventions légalement formées tiennent lieu de loi à ceux qui les ont faites. Elles ne peuvent être révoquées que de leur consentement mutuel ou pour les causes que la loi autorise. — Elles doivent être exécutées de bonne foi. »

Ce principe est général ; grammaticalement et logiquement il doit être applicable aux baux à ferme comme aux baux à loyer, et sauf une disposition spéciale, il serait impossible de trouver un motif de ne pas en faire l'application dans un cas comme dans l'autre.

Si nous cherchons quel motif peut avoir engagé le Législateur à rappeler textuellement ce principe comme applicable aux baux à loyer, nous le trou-vons dans cette circonstance qu'il pouvait paraître nécessaire d'abolir formellement l'ancien droit qui avait cru devoir s'écarter pour ce cas de la règle énoncée en l'art. 1134 [1].

Nous pouvons également penser que le Législa-teur énonçant dans l'art. 109 du Code de commerce différents modes de preuve se rapportant plus spé-cialement à la vente, a cru devoir rappeler en même temps les modes de preuve résultant des principes généraux, précisément afin de prévenir, quant à la vente, l'argument d'opposition que l'on voudrait tirer de cet article au sujet des contrats qui n'y sont pas énoncés. Si le Législateur s'était borné à énoncer les moyens de preuve qui se rap-portent spécialement à la vente, on aurait pu être tenté de voir dans cette circonstance l'exclusion, pour le cas de vente, des moyens généraux de preuve se rapportant en général aux opérations

---

[1] Voyez sur ce point de droit : Troplong, *Louage*, n° 475. — Dalloz aîné, *Répertoire* au mot *Louage*, n° 727.

commerciales. Il a pu paraître plus prudent de faire une énumération complète.

Une observation semblable s'applique à l'art. 49 du Code de commerce, où il ne faut voir aussi que l'application des principes généraux sur la preuve en matières commerciales. Le Législateur ayant soumis dans les articles précédents la preuve de certaines sociétés à des règles spéciales, il était prudent d'énoncer textuellement la volonté de laisser les sociétés en participation soumises aux principes généraux qui régissent la preuve. Il aurait pu autrement s'élever des doutes à cet égard.

On s'est demandé si l'art. 638 du Code de commerce qui répute actes de commerce les billets souscrits par un négociant, est applicable aux engagements contractés par actes notariés. La Cour de cassation s'est prononcée pour l'affirmative dans un arrêt du 6 juillet 1836. Il s'agit, en effet, d'une disposition basée sur la nature des choses, et qui n'a par conséquent rien d'exceptionnel. Si le Législateur n'a énoncé que les billets sous signature privée, cela tient probablement à ce que cet article 638 se trouve sous la rubrique de la compétence des tribunaux de commerce. Les actes notariés étant en général revêtus par eux-mêmes de la force exécutoire, et les contestations qui s'élèvent sur l'exécution forcée étant en général du ressort des tribunaux civils, les tribunaux de commerce peuvent, dans un grand nombre de cas, être incompétents pour prononcer sur les contestations qui s'élèvent au sujet de pareils actes. Dans l'arrêt cité, il s'agissait du taux des intérêts, et la question avait été soumise à un tribunal civil.

3° Il faut également s'assurer qu'en admettant une règle spéciale pour certains cas déterminés, le Législateur a réellement eu l'intention de soumettre les autres cas à une règle opposée, ou tout au moins différente. Il peut se faire, au contraire, qu'il ait eu l'intention de soumettre en principe ces cas divers à la même règle, mais qu'il ait eu des doutes sur la convenance de formuler cette règle d'une manière absolue, qu'il ait préféré lui laisser en général l'élasticité d'un principe théorique et qu'il se soit contenté d'en exiger l'application dans certains cas non douteux.

Pour ne pas multiplier les exemples, j'en citerai un que j'ai déjà invoqué en traitant des travaux préparatoires du Code civil. L'art. 3 de ce Code civil statue que les lois concernant l'état et la capacité des personnes, régissent les Français même résidant en pays étrangers. Nous ne trouvons nulle part une disposition pareille se rapportant aux étrangers. En conclurons-nous par l'argument d'opposition qué ces derniers doivent être soumis à une autre règle?

Nous avons vu qu'il résulte des travaux préparatoires et des changements de rédaction qu'a subis cet article, que le Législateur avait eu, au contraire, l'intention de maintenir les anciens principes d'après lesquels les étrangers devaient en général être régis, à cet égard, par la loi de la nation à laquelle ils appartiennent. Si nous voulons rechercher par quels motifs la règle n'a été énoncée qu'en ce qui concerne les Français, nous en trouverons facilement la raison.

Le Législateur français pouvait et devait avoir, à cet égard, pleine confiance dans la législature de son pays. Il n'en était pas de même à l'égard des législations étrangères qui, non-seulement pouvaient être plus ou moins déraisonnables, mais encore contenir des dispositions qu'il serait impossible de respecter en France, parce qu'elles seraient contraires à la morale publique et au droit public français; telle serait, par exemple, la polygamie, ou telles exagérations de la puissance maritale ou de la puissance paternelle qui seraient contraires aux lois de police et de sûreté qui doivent régir et protéger toute personne habitant le territoire français.

D'autre part, également, le Législateur français n'avait pas à se préoccuper de protéger les étrangers contre les dangers qui pourraient résulter pour eux du principe admis quant aux lois de statut personnel régissant les Français ; il a pu craindre, au contraire, que l'adoption d'un pareil principe, pris d'une manière absolue, en ce qui concerne les étrangers résidant en France, ne pût, dans bien des cas, porter atteinte à l'intérêt des Français.

Les auteurs paraissent, en conséquence, admettre généralement que le même principe doit régir les nationaux et les étrangers, mais que ce principe est resté, quant à ces derniers, à l'état de principe théorique ; que n'étant pas exprimé textuellement en ce qui les concerne, il n'est pas nécessaire d'en faire à leur égard une application toujours rigoureuse ; qu'on peut, au contraire, lui faire subir les restrictions résultant d'autres principes également admis. Le même accord n'a pas toujours lieu au sujet de ces restrictions.

4° Il faut rechercher si les cas non prévus en une disposition spéciale que l'on pourrait être tenté d'invoquer par argument d'opposition ne doivent pas être, au contraire, régis par quelque principe énoncé dans la loi, et différent de celui qui résulterait de ce genre d'argument appliqué de la manière la plus absolue.

Voici un exemple qui pourra jeter quelque jour
sur cette observation et qui a d'ailleurs une grande
importance parce qu'il a beaucoup préoccupé les
tribunaux et les auteurs.

L'art. 1715 du Code civil s'exprime ainsi : « Si le
bail, fait sans écrit, n'a encore reçu aucune exécution, et que l'une des parties le nie, la preuve ne
peut être reçue par témoins, quelque modique qu'en
soit le prix, et quoiqu'on allègue qu'il y a eu des
arrhes données. Le serment peut seulement être
déféré à celui qui nie le bail. »

On s'est demandé s'il fallait conclure de cet article par l'argument d'opposition, que si le bail avait
reçu un commencement d'exécution, il serait permis de prouver par témoins, non-seulement le fait
de l'occupation, mais encore la convention même
constituant le bail, avec toutes ses clauses principales et accessoires, spécialement en ce qui concerne la durée et le prix? On pourrait être tenté
de dire : L'art. 1715 ne prohibe la preuve testimoniale que quand le bail n'a pas eu un commencement d'exécution ; donc cette preuve est admissible si ce commencement d'exécution a eu lieu. Cet
argument, admis par quelques auteurs et par quelques cours, pourrait être fondé si la solution de la
question dépendait uniquement de l'art. 1715. Mais

nous avons sur l'admissibilité de la preuve testimoniale un principe général énoncé en l'art. 1341 du
Code civil, et il est difficile d'admettre qu'il y ait
dans l'art. 1715 une preuve suffisante que le Législateur ait voulu faire une exception à ce principe
général pour les cas où le bail aurait reçu un
commencement d'exécution.

Il paraît au contraire résulter de la combinaison
des articles 1715 et 1716, que la preuve du bail
lui-même ne peut être admise, même quand il y a
eu un commencement d'exécution, mais que le fait
de l'occupation une fois établi, il y a une présomption de bail dont les conditions doivent être ré-
glées par les moyens indiqués en l'art. 1716. Les
motifs sur lesquels paraît reposer l'art. 1715 viennent à l'appui de cette solution. Par cette prohibition de la preuve testimoniale, le Législateur paraît
avoir eu en vue d'éviter de longues contestations ne
présentant en général qu'un faible intérêt[1]. On
aurait de la peine à comprendre qu'en présence de
pareils motifs le Législateur ait aboli la prohibition
de la preuve testimoniale pour les cas où le bail
aurait reçu un commencement d'exécution[2].

[1] Voyez Locré, *Législation française*, sur l'art. 1715.
[2] Voyez sur cette question : Troplong, *Bail*, n° 113;
— Duvergier, *Bail*, n° 258 ; — Toullier, tome IX,

L'art. 1341 paraît donc devoir régir tous les baux dont l'importance dépasserait 150 francs. La question devient beaucoup plus difficile quand la valeur totale des loyers prévus au bail ne dépasse pas cette somme.

Ce que j'ai voulu constater par les considérations qui précèdent, c'est que la distinction énoncée par l'art 1715 au sujet des baux qui ont ou qui n'ont pas reçu un commencement d'exécution, ne suffit pas pour faire admettre la preuve testimoniale quant aux premiers, cette distinction se justifie ici complétement par les moyens de preuve admis en l'art. 1716. Il résulte de cet article combiné avec son contexte que toute occupation d'un local par une autre personne que le propriétaire suppose un bail dont les conditions de prix et de durée doivent être fixées en conformité des règles spéciales énoncées à cet égard par la loi et qu'il n'y a aucun motif d'admettre que, par l'art. 1715, le Législateur ait voulu faire une exception au principe général énoncé en l'art. 1341. Les exceptions ne se présument pas et doivent être clairement établies.

n° 32 ; — Bruxelles , 20 novembre 1810 ; — Grenoble , 14 mars 1825 ; — Bordeaux, 29 novembre 1816, 19 janvier 1827 ; — Limoges . 30 juillet 1836 ; — Cassation, 14 janvier 1840.

Certains auteurs paraissent même prohiber complétement, dans ces cas, tout recours à l'argument d'opposition [1]. C'est, je pense, aller trop loin. Je crois qu'en pareille matière il est plus prudent d'éviter les règles trop absolues. Je rappelle d'ailleurs que les divers genres d'arguments ont d'autant plus de force qu'ils s'appuient réciproquement pour conduire à une même solution. Je renvoie aux mêmes auteurs pour l'étude des autres questions soulevées par ces articles, spécialement au sujet du commencement de preuve par écrit dont les effets ordinaires paraissent exclus par la contexture de ces diverses dispositions. L'argument d'opposition sert ici à manifester plus clairement l'étendue des exceptions que le Législateur a trouvé convenable d'apporter dans ces articles aux principes généraux sur la preuve des conventions. La preuve testimoniale paraît exclue dans toutes les hypothèses par l'indication du serment comme seule preuve admissible pour établir l'existence d'un bail.

5° Il faut s'assurer que la question que l'on est tenté de résoudre par ce genre d'argument n'a pas été prévue et ne doit pas être régie par une disposition spéciale de la loi. Il est clair que dans ce cas

---

[1] Voyez Toullier, *loco citato*, et les auteurs qu'il cite.

il faut s'en tenir à la disposition directement applicable.

Voici un exemple qui fera comprendre plus facilement l'observation qui précède, et qui montrera en même temps ce genre d'argument appliqué à l'occasion d'une disposition qui n'a rien d'exceptionnel.

L'article 1426 du Code civil pose le principe que les actes faits par la femme sans le consentement du mari n'engagent pas la communauté. Il est naturel d'admettre qu'à ce principe statuant sur l'hypothèse d'un engagement contracté par la femme sans le consentement du mari doit correspondre un principe opposé prévoyant le cas où ce consentement a été donné. Ce principe, M. Toullier croit le trouver dans l'article 1419 dont les termes sont cependant moins généraux puisqu'il s'agit ici de dettes et non pas d'engagements contractés. Cette conclusion paraît assez bien justifiée par l'antagonisme qui existe entre ces deux articles. Mais on se demande si cet article 1419, une fois érigé en principe général, doit régir les cas spécialement prévus par l'article 1413 ainsi conçu : « Si la succession purement immobilière est échue à la femme, et que celle-ci l'ait acceptée du consentement de son mari, les créanciers de la succession peuvent poursuivre leur paiement sur tous les biens personnels de la femme, » etc., et si les termes de ce dernier article doivent être interprétés et complétés dans le sens de ce principe. La question est résolue affirmativement par M. Toullier, et négativement par M. Troplong. Cette dernière opinion paraît préférable parce qu'il est difficile de ne pas voir dans le texte et le contexte de l'article 1413 l'intention bien arrêtée de soumettre à une disposition spéciale le cas qui s'y trouve prévu. Cette intention est d'ailleurs rendue probable par les considérations spéciales qui se rapportent à ce cas particulier [1].

6° Il résulte de ce que nous avons dit pour justifier ce genre d'argument, qu'il revêt un plus haut degré de certitude, ou tout au moins de probabilité, quand les termes de la disposition à l'occasion de laquelle il s'agit d'en faire usage, sont conçus dans un sens limitatif, et quand il résulte de la nature des choses qu'il est convenable de soumettre le cas non prévu à une règle opposée à celle qui est invoquée. Dans de pareilles circonstances, l'argument peut aller jusqu'à faire admettre une solution contraire à un principe général. C'est

[1] Voyez sur cette question Toullier, *Contrat de mariage*, nᵒˢ 281 et suivants ;—Troplong, *Contrat de mariage*; commentaire de l'article 1413

ce que nous venons de voir au sujet de l'exclusion de la preuve testimoniale en matière de bail. L'intention du Législateur de restreindre, dans certains cas, l'application d'un principe général peut résulter suffisamment des termes restrictifs de la loi. C'est là une question d'interprétation proprement dite sur laquelle l'existence d'un principe général a nécessairement moins d'influence.

7° Malgré la grande importance que présente pour ce genre d'argument l'antagonisme de but et de motifs qui doit exister entre le cas à résoudre et celui qui est prévu en la disposition qu'il s'agit d'invoquer, ces différents cas ne doivent pas être, pour que l'argument soit applicable, sans rapports les uns avec les autres. Il faut que ces rapports soient tels que l'on puisse admettre que le Législateur aurait énoncé ces divers cas dans la même disposition s'ils eût voulu les soumettre à la même règle. S'il s'agissait de sujets complétement étrangers les uns aux autres, il serait difficile de recourir à ce genre d'argument.

C'est ce que les auteurs ont quelquefois exprimé en disant qu'il fallait que les cas à résoudre fussent les espèces d'un même genre.

Pour constater ces rapports, il faut remonter aux questions elles-mêmes, et aux motifs de douter et de décider, qui se présentent au sujet de chacune d'elles.

Je terminerai ce qui tient à ce genre d'arguments par l'étude de divers articles du Code civil, à l'occasion desquels on peut vérifier plusieurs des principes énoncés ci-dessus.

La section V du livre III, titre I, chapitre VI du Code civil, est intitulée *De la rescision en matière de partage*. L'article 887, qui lui sert d'introduction, se compose de deux parties bien distinctes. Dans son premier paragraphe cet article paraît renvoyer aux principes généraux qui règlent les effets de la violence et du dol, tels que ces principes sont énoncés aux articles 1109 et suivants du même Code. Dans son § 2, au contraire, cet article établit une règle spéciale pour les cas de lésion (Code civil, art. 1118 et 1304 et suivants). On se demande pourquoi l'erreur n'est pas mentionnée en cet article, et s'il faut en conclure qu'elle ne devrait jamais être considérée comme une cause de nullité ou de rescision de partage.

Je ne crois pas que l'on doive conclure de ce silence que le Législateur ait voulu ne pas soumettre le partage aux effets généraux de l'erreur. Les discussions qui ont eu lieu dans le sein du Conseil d'État tendent à établir que, si l'erreur n'a pas été mentionnée comme cause de rescision, cela provient de ce qu'il fut admis que l'erreur rentrerait généralement dans les cas de lésion ou de supplément de partage prévus dans la même section [1]. On peut ajouter que l'erreur devant, dans certains cas, donner lieu non pas à l'action en rescision, mais à l'action en garantie prévue en l'art. 884, cette complication assez grande qui se présente lorsqu'il s'agit d'erreur paraît suffire pour expliquer pourquoi le Législateur a pu trouver plus prudent de ne pas rappeler cette cause de rescision dans l'art. 887, qui se serait trouvé à cet égard trop absolu et trop général. Il pouvait convenir de s'en référer sur ce chef à la doctrine et aux principes généraux. Il paraît dans tous les cas impossible de conclure de ce silence que le Législateur ait voulu admettre, en fait de partage, d'autres exceptions aux principes généraux sur les effets de l'erreur que celles qui peuvent résulter de la dernière partie de l'article 887. Cette dernière partie de l'article étendant les effets de la simple erreur quand il y a lésion de plus du quart (c'est, en effet, assez généralement par suite d'erreur qu'une pareille lésion a lieu), il serait contradictoire d'admettre que la première partie au-

---

[1] Voyez Locré, *Législature française*, sur l'art. 887.

rait repoussé, en matière de partage, les effets ordinaires de l'erreur. L'article 889 peut également donner lieu à quelque difficulté. Il s'exprime ainsi : « L'action en rescision n'est pas admise contre une vente de droit successif, faite sans fraude à l'un des cohéritiers, à ses risques et périls, par ses autres cohéritiers ou par l'un d'eux.» Il se rapporte, comme on le voit, textuellement, aux ventes de droit successif, intervenues entre cohéritiers. Pourrait-on en conclure que l'action serait recevable dans les mêmes circonstances s'il s'agissait d'une vente de droit successif consentie à un étranger ?

La portée de cet article se comprend très-bien, quand on le rapproche de l'article précédent. La loi ayant assimilé au partage tous les actes qui ont pour objet de faire cesser l'indivision, et les ventes de droits successifs rentrant dans cette catégorie, il pouvait paraître nécessaire d'indiquer textuellement que ces actes ne donneraient point lieu à rescision, lorsqu'ils auraient eu lieu « sans fraude, et aux périls et risques de l'acquéreur. » Cette même nécessité n'existait pas au sujet des ventes de droits successifs consenties à des étrangers. Ces ventes ne peuvent pas être considérées comme partages ; elles restent par conséquent soumises aux principes généraux sur les contrats, sur la vente, et plus spécialement encore sur la vente d'hérédités (Code civil, art. 1696). Il s'agit de deux genres d'actes distincts, et soumis à des règles différentes, les uns étant considérés comme partages et les autres comme ventes ou cessions ; il serait par conséquent difficile d'argumenter de ce qui est dit au sujet des uns pour résoudre les questions qui se présentent au sujet des autres.

Une question semblable peut se présenter à l'occasion du même article. On se demande pourquoi la fraude y est seule indiquée comme devant faire cesser les effets de cet article et pourquoi il n'y est question, ni du dol, ni de la violence, ni de l'erreur. Le dol et la violence, déjà mentionnés en l'article 887, doivent nécessairement être pris en considération quand il s'agit d'apprécier la validité de pareils actes qui sont assimilés aux partages par l'article 888.

Quant à l'erreur, nous avons déjà vu qu'il ne pouvait être admis que le Législateur ait eu l'intention d'en supprimer les effets quand il s'agit de partage.

L'article 889 paraît d'ailleurs par son contexte, se rapporter spécialement à la rescision pour cause de lésion, ce qui peut expliquer les termes assez restreints de sa rédaction. Les mots sans fraude peuvent aussi et paraissent devoir s'entendre ici dans un sens large comprenant également le dol et la violence. Il serait manifestement inexact de prendre dans cet article le mot « fraude» dans son sens restreint indiquant une manœuvre dirigée contre des tiers.

L'article 892 du même Code, s'exprime ainsi : « Le cohéritier qui a aliéné son lot en tout ou en partie, n'est plus recevable à intenter l'action en rescision pour dol ou violence, si l'aliénation qu'il a faite est postérieure à la découverte du dol, ou à la cessation de la violence.» On s'est demandé si une pareille déchéance de l'action en rescision serait encourue dans le cas où cette action serait basée sur la lésion et non sur le dol ou la violence; cette question est très-controversée. Je crois que l'art. 892 dans ce qu'il a d'impératif et d'absolu doit être restreint aux cas qu'il prévoit d'une manière spéciale. Mais je ne crois pas que l'on doive admettre que cet article déroge en ce qui concerne la lésion aux principes généraux qui régissent la ratification pouvant résulter de l'exécution volontaire d'un acte susceptible d'être annulé ou rescindé. L'action en rescision basée sur le dol ou la violence doit amener nécessairement l'annulation complète du partage. Il est par conséquent facile de comprendre qu'une pareille action devait être moins facilement admise que celle qui résulte de la lésion, celle-ci pouvant avoir souvent des effets beaucoup moins graves (Code civil, article 891). Il faut ajouter que la découverte de la lésion est un fait moins facile à constater que la cessation de la violence et que la découverte du dol. Cette découverte a d'ailleurs beaucoup moins d'importance ; car pour que l'article 887, § 2, ressorte ses effets, il n'est pas nécessaire qu'il y ait eu erreur, la simple lésion de plus d'un quart suffit à cet égard. On peut conclure de ce qui précède qu'il faut dans ce cas des circonstances particulières pour admettre qu'en vendant son lot le cohéritier a valablement et définitivement renoncé à son droit de demander la rescision. Je crois qu'il résulte de ces considérations, que le Législateur a voulu pour le cas de lésion conserver aux tribunaux toute la liberté que leur laissent les principes généraux sur la ratification par exécution volontaire. L'application de ces principes doit même, dans ce cas, être liée à des conditions spécialement rigoureuses quand la lésion ne provient pas d'erreur[1].

[1] Voyez sur cette question les nombreuses autorités citées par Dalloz aîné, *Répertoire* au mot *Succession*, n°s 2314 et suivants.—*Journal du Palais.* — *Répertoire général*, mot *Partage*, n°s 652 et suivants. Voyez aussi

CHAPITRE IV

Du but et des motifs de la loi; de l'analogie et de l'argument par raison supérieure.

SECTION Iʳᵉ.

Considérations générales.

L'analyse nous fait découvrir dans chaque disposition légale trois éléments divers, quoique intimement liés les uns aux autres. De ces trois éléments deux dérivent directement de la volonté, le troisième dérive de l'intelligence et sert de lien entre les deux autres.

Ces trois éléments de la loi peuvent être désignés de la manière suivante :

1° La disposition elle-même, soit ce que la loi ordonne, défend ou permet.

2° Le but de la loi, soit le bien que son auteur se propose de faire, le mal qu'il se propose de prévenir.

3° Les motifs de la loi, soit l'ensemble des con-

Demolombe, *Succession*, n° 493 et suivants où cette question est traitée avec le beau talent qui caractérise cet auteur.

sidérations et des raisons déterminantes qui ont porté le Législateur à adopter telle disposition en vue du but qu'il se proposait.

Un exemple fera mieux comprendre ces définitions qui doivent, au premier coup d'œil, paraître assez abstraites.

L'art. 1328 du Code civil dispose que les actes sous seing-privé n'ont de date contre les tiers que du jour où ils ont été enregistrés, du jour de la mort de celui, ou de l'un de ceux qui les ont souscrits, ou du jour où leur substance est constatée dans des actes dressés par des officiers publics.

Le but de cette disposition est de prévenir les effets de la fraude dont on pourrait se rendre facilement coupable en apposant aux actes une date simulée. Les motifs qui l'ont fait admettre sont la nécessité même de rendre cette fraude impossible, la difficulté de la prouver, le degré de certitude que présentent les moyens indiqués dans l'article, et la facilité de recourir à l'enregistrement.

La définition que nous avons donnée du but et des motifs de la loi nous indique elle-même quels sont les rapports qui existent entre eux et la disposition légale elle-même ; ce sont des rapports de cause à effet. La nature de ces rapports justifie pleinement l'importance que les auteurs leur ont généralement accordée [1]. L'influence que ces rapports doivent exercer sur l'interprétation ne saurait être méconnue ; ce sont eux, en particulier, qui fournissent le principe justificatif de l'un des arguments les plus connus et les plus usités, soit en logique générale, soit en matière d'interprétation ; je veux parler de l'argumentation par analogie dont nous devons nous occuper avec quelques détails.

Les éléments étymologiques du mot analogie, ἀνὰ λόγος, *secundum proportionem*, paraissent autoriser à lui donner un sens très-étendu ; aussi fut-il employé dans les acceptions les plus diverses par un grand nombre d'auteurs [2]. Si nous recherchons quel est le sens qui lui est le plus généralement assigné, nous ne tarderons pas à reconnaître que, pour se conformer à l'usage, il faut entendre par analogie un rapport de similitude existant entre deux ou plusieurs objets.

[1] Savigny, *System*, Band I, Seite 216, 224, 228, 233 ; — Thibaut, *Logische Auslegung*, § 16, 17, etc. *System des Pandektenrechts*, § 51, 52 ; — Forster, *De interpretatione*. Liv. 2, cap. 2 et 3. — Donellus, *Commentarium de jure civili*. Liv. 1, cap. 13, § 9, cap. 14, § 6. —Mailher de Chassat, *De l'interprétation des lois*. Liv. 2, tit. 3, chap. 1 et 2. — Merlin, *Répertoire* aux mots *Motifs des lois*, n° 2.

[2] Voyez Thibaut, *Theorie der logischen Auslegung*, § 28.

L'analogie, suivant le Dictionnaire de l'Académie, se dit d'une sorte de rapport, de similitude qui existe à certains égards entre deux ou plusieurs choses différentes.

Raisonner par analogie, c'est former un raisonnement fondé sur les ressemblances ou les rapports d'une chose à une autre.

Nous dirons donc qu'interpréter par analogie, c'est fixer le sens d'une disposition obscure au moyen des rapports de ressemblance qu'elle présente avec d'autres dispositions qui sont plus claires ou dont le sens est déjà connu.

Mais, comme il n'y a pas de similitude qui ne présente aussi ses dissemblances, il résulte de la définition énoncée ci-dessus, que l'interprétation par analogie ne saurait conduire, dans tous les cas, à une certitude complète, qu'elle doit être employée avec prudence, et qu'il faut avant tout rechercher quels rapports de ressemblance sont essentiels pour justifier ce genre d'argument.

C'est dans ce que nous avons dit du but et des motifs de la loi que nous trouverons le moyen de résoudre convenablement cette question.

Le but et les motifs de la loi peuvent avoir et ont en général une portée plus étendue que la disposition même qui en est résultée. Il paraît en ressortir les conséquences suivantes :

1° S'il se présente à résoudre un cas non textuellement prévu par la loi, mais qui se trouve avec un autre cas prévu par elle dans des rapports de ressemblance tels, que le but et les motifs de celle-ci lui soient applicables, il y a tout lieu de penser que si ce cas se fût offert à l'esprit du Législateur, il eût été soumis à la même disposition que celui qui a été prévu et qui présente avec lui de tels rapports de ressemblance.

2° S'il se présente une disposition dont le sens puisse être plus ou moins étendu, il faut lui faire comprendre tous les cas auxquels sont applicables les motifs qui l'ont dictée, et qui rentrent dans le but que le Législateur se proposait en l'adoptant.

3° Si deux cas prévus, chacun par une disposition légale, sont entre eux dans des rapports de ressemblance tels, que le but et les motifs qui ont fait admettre la disposition relative à l'un, doivent conduire au même résultat relativement à l'autre, il faut interpréter ces dispositions de manière à les faire concorder ; et si l'une d'elles est obscure, c'est dans le sens de celle qui est claire qu'elle doit être interprétée.

Nous dirons donc que l'interprétation par analogie est un procédé par lequel l'interprète, constatant les ressemblances qui existent entre un certain nombre de cas, en conclut que ces cas doivent être soumis à l'application des mêmes motifs, rentrer dans le même but, et doivent, par conséquent, être régis par les mêmes dispositions, ou tout au moins par des dispositions semblables.

Si nous nous reportons aux trois conséquences que nous avons tirées du principe de ce genre d'argument, nous en voyons ressortir les considérations suivantes :

L'analogie peut, comme dans les deux dernières hypothèses énoncées ci-dessus, servir à manifester le sens que le Législateur a eu réellement l'intention d'exprimer par une disposition textuelle ; c'est de l'interprétation proprement dite.

L'analogie peut aussi comme dans la première de nos hypothèses, conduire à présumer, avec plus ou moins de probabilité, quelle eût été la disposition de la loi, si le Législateur eût prévu le cas dont la solution est cherchée. L'analogie conduit dans ce cas à une sorte d'imitation de la loi [1]. Ce mode de procéder se rapproche de l'interprétation proprementdite, puisque c'est par les dispositions mêmes

---

[1] Stahl, *Philosophie des Rechts,* Band II, Buch 2, Abschnitt 2, Kap. 2.

de la loi qu'il conduit à suppléer aux lacunes qu'elle présente [1].

Les principes que nous venons d'exposer paraissent pleinement justifiés par les considérations qui précèdent.

Nous devons toutefois, avant de passer au développement de ces principes et de tracer les règles qui doivent présider à leur application, démontrer que, sauf quelques divergences faciles à comprendre en pareille matière, ils ont été assez généralement reconnus. Nous pouvons citer à cet égard le droit romain et la grande majorité des auteurs.

Quant au droit romain, les lois 12, 27 et 32 au Digeste, titre *de Legibus*, indiquent la similitude comme moyen d'interprétation [2].

[1] Thibaut, *Theorie der logischen Auslegung*, § 3.

[2] Digeste, Liv. 2, titre 3, loi 12 : « Non possunt omnes articuli, singillatim , aut legibus, aut senatus consultis comprehendi : sed cum in aliquâ causâ, sententia earum manifesta est, is qui jurisdictioni præest, ad similia procedere, atque ita jusdicere debet. »

Loi 27 : « Ideo, quia antiquiores leges ad posteriores trahi, usitatum est : et semper quasi hoc legibus inesse credi oportet, ut ad eas quoque personas et ad eas res pertinerent, quæ quandoque similes erunt. »

Loi 32 : « De quibus causis scriptis legibus non utimur, id custodiri oportet, quod moribus et consuetudine inductum est : et si qua in re hoc deficeret, tunc quod proximum et consequens ei est. »

Si nous comparons ces lois avec la loi 13, au Digeste, même titre, nous pouvons conclure de ce rapprochement que, pour justifier l'extension, la similitude doit consister en ce que le but et les motifs de la loi soient applicables au cas non prévu qu'il s'agit de lui soumettre[1]. Plusieurs exemples justifient cette conclusion, et démontrent que c'est l'identité du but et des motifs, qui autorise à étendre d'un cas à un autre la disposition d'une loi[2].

[1] Digeste, Liv. 1, tit. 3, loi 13 : « Nam, ut ait Pedius, quotiens lege aliquid, unum vel alterum introductum est, bona occasio est cætera quæ tendunt ad eamdem utilitatem vel interpretatione, vel certe jurisdictione suppleri. »

[2] Digeste, *Ad legem Aquiliam*, Liv. 9, tit. 2, loi 32 : « Illud quæsitum est, an quod Proconsul in furto observat, quod a familiâ factum sit, id est, ut non in singulos detur pœnæ persecutio, sed sufficeret id præstari, quod præstandum foret, si id furtum unus liber fecisset, debeat et in actione damni injuriæ observari. Sed magis visum est, idem esse observandum, et meritò : cum enim circa furti actionem hæc ratio sit, ne ex uno delicto totâ familiâ dominus careat, eaque ratio similiter et in actionem damni injuriæ interveniat, sequitur, ut idem debeat æstimari. »

Digeste, *De vi et vi armatâ*, Liv. 43, tit. 16, loi 1, § 25 : « Quod vulgo dicitur, æstivorum hibernorumque saltuum nos possessiones animo retinere ; id exempli causâ didici Proculum dicere : nam ex omnibus prædiis, ex quibus non hac mente recedemus, ut omisse possessionem vellemus, idem est. »

Digeste, *De contrahendâ emptione*. Liv. 18, titre 1,

Plus est grave l'autorité du droit romain, plus je crois avoir raison de l'invoquer à l'appui des principes que je viens d'exposer, plus je crois devoir prémunir contre les dangers que peuvent offrir les exemples qu'il nous fournit quant à l'application de ces principes.

Il est nécessaire pour cela de rappeler en quelques mots ce que nous avons dit au sujet du développement historique de ce droit.

Les temps les plus anciens nous le montrent réduit à quelques principes et à quelques formules d'une application rigoureuse et peu rationnelle, dont l'origine paraît remonter aux traditions religieuses sous l'empire desquelles vivaient les peuplades qui, par leur réunion, formèrent l'ancien peuple romain. Mais lorsque ce peuple eut à soutenir des rapports plus fréquents avec ses voisins et ses rivaux, on vit se développer parallèlement à ces anciens principes dont l'ensemble constituait ce qu'on appelait le droit civil proprement dit, tout un droit nouveau réservé dans l'origine aux étrangers et désigné sous le nom de droit des gens, ou droit naturel. Ces nouveaux principes étaient tirés, soit

loi 34, § 7 : « Tutor rem pupilli emere non potest : Idem porrigendum est ad similia, id est, ad curatores, procuratores, et qui negotia aliena gerunt. »

du travail de comparaison qui se fit entre les législations alors connues, soit des lumières que fournissait la simple raison. D'abord timides et d'une application restreinte, ils durent bientôt réagir puissamment sur le droit civil proprement dit, dont ils ne tardèrent pas à manifester le caractère exclusif et peu rationnel.

D'ailleurs, à mesure que les rapports se multipliaient avec les progrès de la civilisation, les anciens principes devenaient insuffisants et ne pouvaient répondre aux idées nouvelles et aux nouvelles exigences auxquelles il fallait satisfaire.

Le droit romain nous présente donc une longue période de modifications et de développements successifs. Ces résultats furent obtenus, moins par l'intervention de la législature que par l'immense influence qu'exercèrent les magistrats et les jurisconsultes[1].

L'analogie ne pouvait manquer de jouer un rôle considérable dans de pareilles circonstances. Il fallut nécessairement y recourir souvent par suite des conflits qui s'élevèrent entre ces principes différents

---

[1] Mühlenbruch, *Doctrina pandectarum*, § 31. — Savigny, *System*, Band I, Seite 109.—Thibaut, *Pandekten*, § 7. — Walter, *Geschichte des römischen Rechts*, Buch 2, Kap. 1, 2, 3.

qui cherchaient à se combiner, et par suite de la nécessité de suppléer à l'insuffisance du droit positif pour la solution des questions nouvelles qui se présentaient. Nous trouvons en effet dans le droit romain de nombreux exemples de cette méthode d'argumentation [1]. Nous voyons même des institutions entières se développer sous cette forme [2].

Mais il résulte de la grande liberté dont jouissaient les jurisconsultes, les magistrats et les empereurs romains, qu'ils n'ont pas toujours distingué l'interprétation de la loi et le libre développement du droit, et qu'ils ont souvent voilé sous les formes de celle-là, les innovations auxquelles les conduisait celui-ci. — Il en résulte qu'il faut apporter la plus grande prudence dans l'usage qu'on peut être tenté de faire des exemples qu'ils nous ont laissés

---

[1] Digeste, Liv. 23, tit 1, loi 16 ; Liv. 23, tit. 2, loi 60, § 5 ; Liv. 23, tit. 5, loi 4 ; Liv. 28, tit. 2, loi 29, § 5 ; Liv. 14, tit. 6, loi 14. — Ulpien, *Fragments*, tit. 11, § 3 et 5. — *Institutes*, Liv. 1, tit. 17 et 18.

[2] C'est ainsi, par exemple, que le régime hypothécaire est sorti des développements successifs donnés à l'action servienne. — Voyez Sintenis, *Handbuch des gemeinen Pfandrechts*, Seite 194, § 25. — Schweppe, *Römische Rechtsgeschichte*, § 287, 288. C'est ainsi que les dispositions de l'édit des édiles furent successivement étendues. — Walter, *Geschichte des römischen Rechts*, Seite 626, 627. — Voy. aussi Savigny, *System*, Band I, Seite 294.

à cet égard. C'est pour n'avoir pas tenu compte de ces circonstances, qu'on a souvent basé sur ces exemples de fausses théories d'interprétation [1].

Sous nos législations modernes, le pouvoir législatif est plus distinct du pouvoir judiciaire, et les jurisconsultes ne jouissent pas des mêmes libertés quant au développement du droit.

Si nous voulons maintenant consulter les auteurs, nous trouvons qu'ils se sont généralement rapprochés des principes que nous venons d'exposer [2].

Il me semble seulement qu'ils n'ont pas toujours

[1] Thibaut, *Theorie der logischen Auslegung*, §§ 11, 19, 20. — Savigny, *System*, Band I, §§ 46, 47.

[2] Glück, *Pandekten*, Band I, Seite 245 et 253. — Eckard, *Hermeneutica juris*, §§ 15, 39. — Thibaut, *Theorie der logischen Auslegung*, § 28, 16 et suivants. — Savigny, *System*, Band I, § 46. — Zachariæ, *Versuch einer allgemeinen Hermeneutik* §§ 58, 62, 111.— Mühlenbruch, *Doctrina Pandectarum*, § 64. — Mailher de Chassat, *Traité de l'interprétation*, supplément, § 24. Voyez aussi § 98. — Bacon, *Aphorismus*, 11. — Merlin, *Répertoire*, v° *Motifs des Lois*.— Dalloz, Loi n° 472 et suivants. — Carré, *Les lois de procédure*, introduction, tit. 4. — Freigius, *Logica jureconsultorum*, cap. 21. — Stahl, *Die Philosophie des Rechts*, Band II, Buch 2, Abschnitt 2, Kap. 2. — Donellus, *Commentarium de jure civili*, cap. 14, § 6.— Forster, *De interpretatione*, Lib. 2, cap. 2, § 5. — De Saint-Albin, *Logique judiciaire*, §§ 5 et 10.

distingué avec assez de soin le but et les motifs de
la loi. Sans doute, ce but et ces motifs sont unis
par des rapports nombreux. Ils constituent ensemble ce qu'on peut appeler la raison de la loi, *ratio
legis;* mais nous verrons plus bas que l'influence
qu'ils doivent exercer sur l'interprétation peut cependant présenter quelque différence.

Nous pouvons conclure des principes que nous
avons énoncés, que l'analogie sera d'autant plus
complète et pourra conduire à des résultats d'autant plus, certains qu'il sera possible d'établir avec
plus de certitude :

1° Que tel but et tels motifs ont engagé le Législateur à adopter telle disposition légale qu'il
s'agit d'invoquer.

2° Que les cas prévus par cette disposition présentent avec ceux qu'il s'agit de lui soumettre des
ressemblances telles, que le but et les motifs qui
l'ont dictée leur sont également applicables.

Si nous recherchons comment on peut découvrir
quels ont été le but et les motifs de la loi , nous
retrouvons comme moyens d'y arriver les quatre
éléments d'interprétation que nous avons indiqués
dans notre introduction.

Il se peut que le texte de la loi exprime plus ou

moins directement le but et les motifs qui l'ont
dictée.

Ce but et ces motifs peuvent se manifester par
les rapports logiques et systématiques que présente
la disposition dont il s'agit, avec telle ou telle autre, ou avec l'ensemble de la législation dont elle
dépend.

Ils peuvent se manifester, soit par l'ensemble de
faits et d'idées qui ont influé sur la rédaction de
la loi, soit par les travaux préparatoires, les discussions et les discours dont elle fut l'objet.

Ils peuvent enfin se découvrir par la comparaison
de la loi avec les exigences auxquelles elle devait
satisfaire.

Je ne répéterai pas ce que j'ai dit sur ces quatre
éléments de l'interprétation ; je rappellerai seulement que la loi seule est promulguée comme telle
et que c'est avant tout, et autant que possible en
elle-même, qu'il faut puiser les moyens de l'interpréter.

Une fois le but et les motifs de la loi découverts,
il faut pour justifier l'argument par analogie, comparer les cas prévus dans la loi avec ceux qui ne
le sont pas, et démontrer qu'il résulte de cette
comparaison que la même décision doit être adoptée pour ces cas divers, parce que le même but
et les mêmes motifs leur sont applicables.

SECTION II.

De l'analogie considérée comme moyen de suppléer
aux lacunes de la loi.

Nous avons cherché à justifier d'une manière générale l'emploi de l'analogie comme moyen d'interprétation ; nous devons actuellement l'étudier d'une manière plus approfondie en la considérant principalement dans ses rapports avec notre Code civil.

Compléter la loi, c'est continuer l'œuvre du Législateur ; l'interprète ne saurait procéder, à cet égard, d'une manière plus rationnelle, qu'en suivant la même marche que Celui-ci. Si donc nous trouvons dans le Code la preuve que l'analogie n'a point été étrangère à sa rédaction, que tout au contraire elle y a joué un rôle important, nous verrons dans cette circonstance un motif de plus de nous laisser diriger par ce genre d'argument pour l'interprétation de ce Code.

Que l'analogie ait exercé une grande influence sur les dispositions de notre Code, c'est ce que nous pourrions facilement admettre *a priori*, puisque cette influence est fondée sur la nature des choses. Mais s'il est nécessaire d'indiquer des preuves positives, il n'est pas difficile d'en trouver.

1° Il se rencontre dans le Code une foule de dispositions semblables qui se rapportent à des cas divers. Or, comme en comparant ces cas, il est facile de trouver en eux les éléments constitutifs de l'analogie, on peut en conclure avec assez de confiance que c'est l'analogie qui est la cause d'une pareille similitude de dispositions [1].

2° Nous voyons, en second lieu, que dans un grand nombre de circonstances, le Législateur renvoie aux dispositions qu'il a déjà admises, ou qu'il se propose d'admettre pour des cas analogues [2].

Il semble naturel de conclure de ces observations que le recours à l'analogie est dans l'esprit du Code, et qu'en accordant une large influence à ce genre d'argument, les interprètes ne font que suivre l'exemple du Législateur.

Ne nous faisons, cependant, point illusion sur les dangers que peut offrir une pareille méthode, et cherchons à fixer quelques principes dirigeants

[1] Comparez ensemble les articles suivants : 614 et 1768, 792, 801, 1460 et 1477, 909 et 997, 1242 et 1298, 1453 et suiv., 774 et suiv., 1415 et 1504, 1537 et 1575, 1704, 1642 et 1653, 984 et 987.

[2] Voyez les articles 773, 814, 836, 995, 1046, 1297, 1372, 1898, 2021, 2090, 2170, 595, 635, 1403, 1409 n° 4, 1418, 1451 n° 2, 1476, 1533, 1562, 1580, 1685, 1718, 1782, 1845, 1872.

propres à fournir les garanties nécessaires. L'analogie repose, comme nous l'avons vu, sur l'identité de but et de motifs. Or, ce but et ces motifs ne sont pas toujours unis par des liens indissolubles, et n'influent pas d'une manière toujours égale et semblable sur la disposition de la loi ; cherchons à déterminer quelle doit être leur importance relative. Quant au but de la loi, s'il ne se présente que comme la simple intention de fixer certains rapports de droit, il n'a pas d'importance au point de vue qui nous occupe. Mais, s'il se manifeste avec des tendances déterminées, si l'on peut y découvrir l'intention de fixer ces rapports conformément à certaines règles, en vue d'obtenir certains résultats, ces éléments de la pensée législative peuvent être d'un grand secours à l'interprète. Ils peuvent le conduire à présumer, avec plus ou moins de probabilité ou de certitude, par quelles dispositions le Législateur aurait résolu les questions non prévues, si ces questions se fussent présentées à sa pensée. Si le but et les motifs de la loi sont pleinement applicables à ces faits imprévus, l'analogie est complète. Le Législateur s'est, par exemple dans l'article 1753 du Code civil, proposé pour but de fixer les droits respectifs du propriétaire et du sous-locataire d'une maison. Il est de plus évident qu'il a voulu assurer au premier les garanties qui lui sont accordées sur les meubles apportés dans les emplacements loués, sans que le second eût à se plaindre de payer plus qu'il ne devait au locataire principal.

Il paraît naturel de régler, en conformité du même but, les rapports du sous-fermier et du propriétaire d'un immeuble rural. Les motifs qui ont fait admettre, comme répondant au but proposé, la disposition dont il s'agit sont également applicables au sous-fermier ; car les baux à loyer et les baux à ferme ne sont que deux espèces d'un même genre, et les différences qui les caractérisent paraissent ne pas devoir exercer d'influence à cet égard[1]. L'analogie serait, par conséquent, suffisante pour autoriser l'extension de cet article au bail à ferme, lors même qu'il ne faudrait pas admettre qu'il résulte des travaux préparatoires que cet article aurait dû se trouver dans la section des règles communes aux baux des maisons et des biens ruraux[2].

[1] Duvergier, *Du louage*, n° 388. — Troplong, *De l'échange et du louage*, n° 537.

[2] Voyez Duvergier, *Louage*, n° 388. — Troplong, *De l'échange et du louage*, n° 537. — Dalloz aîné, *Répertoire, verbo Louage*, n°s 429 et suivants. — *Code de procédure civile*, art. 820.

Voyons maintenant quels effets doit avoir l'analogie, lorsque le but ou l'intention de la loi se trouve applicable au cas non prévu sans que, cependant, il y ait des motifs suffisants de soumettre ce cas précisément à la même disposition.

Le but de l'article 418 du Code civil, par exemple, est de fixer l'époque dès laquelle est encourue la responsabilité du tuteur nommé par le conseil de famille. Mais pourquoi, dans ce cas, le Législateur fait-il courir cette responsabilité dès la nomination, si elle a eu lieu en présence du tuteur, et dès la notification qui lui en est faite dans l'hypothèse contraire ? C'est que l'intérêt du mineur exige que cette responsabilité commence le plus tôt possible, et que la justice s'oppose à ce qu'elle soit encourue avant que le tuteur ait acquis connaissance des charges qui lui sont imposées. On voit que dans l'article 418, le Législateur s'est proposé comme but de satisfaire à la fois à ces deux exigences.

Quant aux motifs qui ont fait admettre une pareille disposition, ils se trouvent dans la possibilité que le tuteur ait assisté à la délibération, dans la notification qui doit lui en être faite quand il est absent[1], et dans la certitude qu'il acquiert ainsi

[1] Code de procédure civile, art. 882.

pleine connaissance des charges qui lui sont imposées.

Si nous cherchons dès quelle époque doit courir la responsabilité du tuteur légal ou du tuteur testamentaire, nommé par le père ou la mère du mineur, aux termes des articles 397 et suivants du Code civil, nous devons reconnaître que ces deux cas doivent être réglés conformément à l'intention manifestée comme but de l'art. 418.

Les motifs de l'art. 418 n'étant point applicables aux deux cas dont il s'agit, il est nécessaire de modifier cette disposition, pour que ces cas puissent être régis par la même intention. Mais si nous recherchons comment la pensée manifestée par la loi peut se réaliser dans ces deux cas, nous devrons admettre que la responsabilité du tuteur légal et du tuteur testamentaire doit être encourue, dès que ces tuteurs ont eu ou dû avoir connaissance des charges qui leur sont imposées. Or comme le Législateur n'a pas ordonné pour ces tuteurs les mêmes moyens de notification que pour celui qui est nommé par le conseil de famille, c'est d'après les circonstances qu'il faut faire l'application du principe que nous venons d'exposer ; il paraît en conséquence convenable de faire courir la responsabilité de ces tuteurs, dès le moment où l'on peut admettre qu'ils ont dû savoir que la tutelle leur était déférée [1].

En résolvant ainsi cette question, on se conforme à la disposition de l'article 418 qui ne paraît lui-même qu'une application des principes généraux sur la responsabilité et sur la faute énoncés aux articles 1382 et suivants du Code civil, on ménage les deux intérêts que le Législateur s'est proposé de concilier et l'on peut dire qu'on suit sa volonté, quoiqu'elle ne soit pas directement exprimée. Disons donc que si l'analogie n'est basée que sur le but de la loi, elle doit conduire non pas toujours à des résultats identiques à ceux de la disposition qu'on invoque, mais aux résultats qui répondent à ce but combiné avec les moyens de l'atteindre en vue des circonstances particulières du cas qu'il s'agit de résoudre.

Quant aux motifs de la loi, ils ont agi sur elle d'une manière plus directe et plus immédiate que

[1] Dalloz, *Priviléges et hypothèques*, n° 1060. — Tarrible, *Répertoire de* Merlin. V° *Inscription hypothécaire*, § 3, n° 6. — Troplong, *Priviléges et hypothèques* n° 428. Ces auteurs me paraissent en général fixer d'une manière trop absolue l'époque où doit commencer la responsabilité du tuteur. Voyez encore Demolombe. *Tutelle*, n°s 522 et suivants. Dalloz, *Répertoire, Minorité*, n° 405.

le but que se propose le Législateur. Ils jouissent, par conséquent, d'une plus grande importance et peuvent conduire à des résultats plus précis et plus certains.

Mais ces motifs peuvent être plus ou moins nombreux et avoir exercé une influence plus ou moins grande sur la rédaction de la loi. L'analogie sera d'autant plus complète que l'identité existera pour un plus grand nombre de motifs, que ces motifs seront en rapports plus intimes avec la loi, et qu'ils auront exercé sur elle une plus grande influence.

C'est en cherchant à pénétrer aussi avant que possible dans la pensée du Législateur, en s'attachant au fond même des choses plus qu'à leur superficie, et en ne perdant jamais de vue l'ensemble des principes dirigeants qui dominent chaque matière de droit, que l'interprète peut assurer sa marche dans cette voie difficile. Il parvient souvent, par une étude attentive, à découvrir des ressemblances entre les objets qui diffèrent en apparence et des dissemblances entre ceux qui paraissent au premier coup d'œil se rapprocher par une grande analogie.

Quelques exemples deviennent nécessaires pour l'intelligence de ce qui précède.

L'art. 783 du Code civil expose quelles sont les

circonstances par suite desquelles le majeur peut attaquer l'acceptation qu'il a faite d'une succession qui lui est dévolue. La violence ne se trouve pas comprise dans cette énumération, et l'on se demande si cette violence peut être invoquée comme cause de nullité de l'acceptation. Les art. 1111 et suivants l'indiquent comme telle ; mais ces articles se rapportent spécialement aux obligations conventionnelles, et ce n'est point dans cette catégorie que rentre, du moins en thèse générale, l'acceptation d'une succession. Cependant comme cette acceptation ne peut résulter que d'un fait volontaire, ainsi que l'on peut s'en assurer par la combinaison des art. 775, 778, 783, il faut en conclure qu'elle est nulle en cas de violence[1]. Quelle que soit, en effet, la différence qui distingue un contrat, d'un acte unilatéral, dès qu'il est établi que l'un et l'autre ne peuvent donner lieu à un engagement valable qu'autant qu'ils sont le produit de la volonté, ce qui porte atteinte à celle-ci doit, dans l'un et l'autre cas, être une cause de nullité ; il y a identité de motifs.

[1] Chabot, *Commentaires sur les successions*, ad 783, n° 3. — Vazeille, *Successions*, ad 783, n° 3. — Duranton, *Successions*, n° 452. — Dalloz, *Successions*, chap. 6, sec. 1, n° 514. — Toullier, n° 335.

Les art. 314 et 315 du Code civil disposent que la légitimité de l'enfant peut être contestée s'il est né moins de cent quatre-vingts jours après la célébration du mariage ou plus de trois cents jours après sa dissolution.

Il résulte, soit de ces dispositions et de leur contexte, soit des discussions auxquelles elles ont donné lieu [1] que les époques indiquées ont été choisies parce que le Législateur a considéré ces termes comme étant ceux de la plus courte et de la plus longue grossesse qu'il soit possible de supposer lorsque l'enfant naît viable. Il faut en conclure que ces mêmes termes doivent être pris en considération, lorsqu'il s'agit de décider si une personne qui prétend avoir droit à une succession, doit être considérée comme ayant été conçue au moment de l'ouverture de celle-ci. — Les auteurs paraissent généralement admettre que l'enfant né viable plus de trois cents jours après l'ouverture de la succession, doit être considéré comme ayant été conçu postérieurement à l'ouverture de cette succession, et que l'enfant qui est né moins de cent quatre-vingts jours après le décès, doit être considéré comme ayant été conçu à une époque antérieure à cette ouverture.

[1] Locré, *Législation, ad* 312.

Les observations physiologiques qui ont servi de base à ces articles 312 et suivants doivent être vraies pour un cas comme pour l'autre, et la faveur que le Législateur a dû nécessairement accorder à l'hypothèse favorable à la légitimité, doit faire admettre que ces termes ont été fixés aux extrêmes limites du possible. Mais on s'est demandé si la présomption légale admise en faveur des enfants nés entre ces deux termes devait être admise d'une manière absolue, à l'exclusion de toute preuve contraire, quand il s'agit d'une question de succession indépendante de la question de légitimité. Cette faveur dont nous venons de parler comme ayant dû faire fixer de la manière la plus large le délai pendant lequel il y a présomption de légitimité peut avoir été la cause de la présomption énoncée en ces articles. Il peut en conséquence paraître plus logique de ne pas admettre cette présomption d'une manière absolue quand il ne s'agit pas d'une question de légitimité. Les auteurs sont loin d'être d'accord sur cette question [1].

Voici maintenant une série d'exemples où, mal-

[1] Chabot, *Successions*, ad 725 n° 5 et 6. — Dalloz aîné, *Successions,* chap. 3, sect. 1, n° 85. — Toullier, *Successions*, n° 95. — Duranton, t. VI, n° 72. — Demolombe, t. V, p. 100. — Vazeille, n° 7. — Arrêts de rejet des 8 février 1811 et 28 novembre 1833.

gré une similitude apparente, il s'est élevé de nombreuses contestations sur la convenance de l'argumentation par analogie.

Il se peut que plusieurs personnes, respectivement appelées à se succéder l'une à l'autre, périssent dans un même événement, sans qu'on puisse reconnaître laquelle a survécu. Les articles 720 et suivants du Code civil ont établi quelques présomptions légales, destinées à mettre fin aux contestations qui pourraient s'élever à cet égard.

Ces présomptions, qui sont généralement basées sur les probabilités de plus ou moins grande force, résultant de l'âge et du sexe, se trouvent énoncées au titre des *successions ab intestat*. On s'est demandé si elles pourraient être invoquées dans le cas où il s'agirait de prononcer sur le sort d'institutions testamentaires ou contractuelles que deux personnes auraient faites réciproquement en faveur l'une de l'autre.

Toullier et quelques autres commentateurs se sont prononcés pour l'affirmative[1]. La négative paraît, cependant, plus généralement adoptée[2].

[1] Toullier, t. IV, n° 78. Vazeille sur l'art. 722, n° 5. Malpel, n°s 14 et 15.

[2] Chabot, *Successions*, *ad* 720, n° 7. — Duranton, t. VI, n° 48. — Dalloz aîné, *Successions*, n° 55. —

Il se présente ici une série de questions que je dois énumérer, parce qu'elles tendent à mieux faire comprendre le mécanisme du genre d'interprétation qui nous occupe dans ce moment.

1° Est-ce bien le cas de recourir à l'analogie et les articles 720 et 721, quoique placés sous une rubrique plus spécialement consacrée aux successions ab intestat, ne sont-ils pas rédigés en termes généraux de manière à régir également les successions testamentaires ou contractuelles ?

2° En admettant que ces articles se rapportent spécialement au premier genre de successions, y a-t-il possibilité et convenance d'en faire l'application aux successions testamentaires ou contractuelles ?

Cette question est très-complexe. Les articles 720 et 721 font-ils exception aux principes généraux sur la preuve, et spécialement aux articles 725, 135, 136 et 1315, de telle sorte que ces derniers doivent recevoir leur application, dans tous les cas non spécialement prévus aux articles 720 et 721 ?

Demolombe, *Successions,* t. I, n°ˢ 92 et suivants. C'est aussi dans ce sens que paraît se prononcer la jurisprudence, Bordeaux, 29 juin 1849 (*Journal du palais,* t. I de 1850, p. 583). Paris, 30 novembre 1850 (même journal, t. I, de 1851, p. 125).

Les principes énoncés ci-dessus sont-ils bien applicables à l'hypothèse qui nous occupe ? L'article 725, qui ne se rapporte qu'au fond du droit, peut-il avoir une grande importance en ce qui concerne la preuve des faits qu'il énonce ? L'article 1315 ne se rapporte-t-il pas spécialement aux conventions ? Les articles 135 et 136 ne prévoient-ils pas une tout autre hypothèse ? Ne faut-il pas tenir compte aussi de la rubrique sous laquelle ils sont placés ? Ne peut-on pas dire qu'il est naturel et équitable de recourir aux présomptions énoncées en ces articles 720 et 721, dans tous les cas où, par suite des circonstances prévues en ces articles, il est impossible de faire la preuve par les moyens ordinaires ? N'y aurait-il pas lieu tout au moins à distinguer entre ces diverses présomptions et à admettre comme généralement applicables celles qui sont basées sur des probabilités de fait résultant du degré de force supposé chez chaque individu, suivant son âge et son sexe ? La supposition de plusieurs décès complétement simultanés repoussée comme trop improbable dans les cas prévus en ces articles, serait-elle plus acceptable s'il s'agissait de successions testamentaires ou contractuelles ? D'autre part, ne peut-on pas dire que l'ordre normal des successions déférées par la loi devait avoir plus d'importance aux yeux du Législateur et qu'il était plus nécessaire de prévenir toute incertitude et toute interversion à cet égard ?

Tels sont les principaux arguments invoqués de part et d'autre dans cette polémique qui paraît devoir se terminer dans le sens contraire à l'extension. Les successions ab intestat sont la règle, l'héritier légitime est saisi de plein droit ; c'est à l'héritier testamentaire ou contractuel qu'il incombe de prouver qu'il se trouve dans les conditions voulues pour modifier cet ordre de chose naturel et légal. Il n'y a donc pas identité de motifs.

La question paraît moins douteuse s'il s'agit de personnes dont une seule soit appelée à succéder à l'autre ab intestat ou en vertu de donation ou de testament. Ici, en effet, nous nous trouvons d'une manière plus évidente en dehors des termes des articles 720 et 721. Il ne peut plus y avoir cette parité de position qui paraissait devoir rendre inapplicables les principes généraux sur la preuve. L'analogie paraît exister encore moins s'il s'agit dans ce cas de dispositions testamentaires ou contractuelles. L'extension paraît encore moins admissible s'il s'agit d'un legs ou d'une donation qui ne soit pas à titre universel ou s'il y a un héritier légitimaire. L'obligation de demander la délivrance aux héritiers naturels ou aux légataires universels aux termes des articles 1003 et suivants rend encore plus impérieuse l'obligation d'établir les faits qui doivent servir de base à cette demande.

La Cour de cassation a plusieurs fois reconnu l'importance de l'analogie en matière d'interprétation.

On s'est demandé si l'article 1670 du Code civil, se rapportant à la vente sous faculté de rachat et étendu par l'article 1685 à la rescision pour cause de lésion, serait applicable au cas de résolution pour défaut de paiement prévu en l'article 1654. La Cour de cassation s'est prononcée dans un sens affirmatif par arrêt du 6 mai 1829.

Il n'y a pas là une analogie complète, puisque dans le dernier cas, l'acquéreur est en faute de n'avoir pas payé le prix. Cette différence ne paraît, cependant, pas suffisante pour faire repousser l'extension. L'article 1670 paraît basé, comme le dit la Cour, sur un principe de raison résultant de la nature même de la résiliation. Cet événement doit remettre les choses en l'état et ne pas substituer un contrat à un autre, ce qui aurait lieu en cas de résolution partielle. Les auteurs sont cependant divisés sur cette question. L'arrêt est approuvé par M. Troplong, n° 639, et critiqué par M. Duvergier, n° 464.

Il va sans dire que cette indivisibilité ne peut être invoquée que par les parties qui y ont intérêt ; c'est d'ailleurs ce qui résulte des articles 1671 et 1672. La même Cour a, par arrêt du 16 janvier 1827, jugé par application de l'article 1673 du Code civil que le bail consenti de bonne foi et sans fraude par le fol enchérisseur doit être respecté par le nouvel adjudicataire. L'article 1183 exige seulement la restitution de la chose, l'article 1673 ne peut, par conséquent, pas être considéré comme lui faisant exception en respectant les baux passés de bonne foi. Il paraît, d'ailleurs, indispensable de respecter les actes d'administration faits par le propriétaire qui se trouve plus tard évincé. S'il en était autrement, il serait dans bien des cas presque impossible de faire valoir les fonds dont la propriété serait résoluble.

L'analogie s'appuie ici, non-seulement sur l'identité de motifs, mais encore sur une tendance assez généralement manifestée par le Code de maintenir autant que possible les actes faits de bonne foi par les tiers (Code civil, art. 2009, 1141-1240).

Les exemples que j'ai cités doivent suffire pour faire comprendre les diverses conditions auxquelles est soumis ce genre d'argument quand il s'agit de suppléer au silence de la loi.

La nécessité de recourir, en pareils cas, à l'analogie résulte soit de ce que la loi n'a pas prévu certains rapports de droit, soit de ce qu'elle ne les a réglés qu'en partie.

Les règles à suivre ne me paraissent pas considérablement modifiées par cette différence.

L'interprète doit, dans tous les cas, ne pas se laisser aller à se créer des assimilations trop générales. Comme il n'y a pas de similitude à côté de laquelle on ne trouve ou ne puisse trouver des dissemblances, il est nécessaire de rechercher les caractères constitutifs de l'analogie dans chaque cas particulier qu'il s'agit de résoudre.

Les faits propres à chaque question ont nécessairement une grande importance dans ces circonstances où la loi ne présente pas de texte directement et grammaticalement applicable.

SECTION III.

Des restrictions que la loi même peut imposer à l'emploi de l'analogie considérée comme moyen de suppléer au silence de ses dispositions.

J'ai cherché à justifier l'emploi de l'analogie, comme moyen de suppléer au silence de la loi, et je crois en avoir démontré la convenance et même dans certains cas la nécessité. Il n'en résulte pas cependant que l'interprète puisse en faire usage toutes les fois qu'il voit s'en réaliser les éléments constitutifs.

Ce genre d'argument n'étant pas sans danger, le Législateur peut avoir des motifs suffisants pour vouloir en restreindre ou en défendre complétement l'usage. Cette volonté doit être suivie à cet égard, comme à tous les autres, de quelque manière qu'elle se soit manifestée[1].

Certaines locutions peuvent être considérées comme devant exclure, ou tout au moins comme pouvant rendre douteuse la convenance de ce genre d'argument. Ce sont les locutions énumératives :

In legibus et statutis brevioris styli, dit Bacon, *extensio facienda est liberiùs. At, in illis quæ sunt enumerativa casuum particularium, cautiùs. Nam ut exceptio firmat regulam legis in casibus non exceptis, ita enumeratio infirmat eam in casibus non enumeratis*[2].

Si ces énumérations sont limitatives, c'est-à-dire si l'on voit dans la manière dont elles sont exprimées l'intention du Législateur de ne soumettre à

[1] Thibaut, *Theorie*, § 18.
[2] *Aphorismus*. 17. Voyez aussi Forster, *De interpretatione*, liv. 2, cap. 2, § 5.

la règle qu'il établit que les cas textuellement énumérés, l'extension par analogie est exclue par cela
même. Mais si l'énumération n'a été faite que par
forme d'exemples, l'extension par analogie peut
avoir lieu, et les exemples ainsi énoncés ne doivent
être pris en considération que pour mieux faire
saisir le but et les motifs de la disposition. C'est ici
une question d'interprétation qui doit être résolue
par l'ensemble des principes sur la matière. Les
termes de chaque disposition doivent avant tout être
pris en considération. C'est ainsi que l'art. 1328
du Code civil est manifestement conçu dans un sens
limitatif.

Certaines lois ont paru devoir être considérées
comme naturellement exclusives de toute extension
par analogie ; ce sont les lois exceptionnelles, les
lois introductives d'un droit nouveau et les lois
pénales.

Les auteurs s'en sont beaucoup occupés, et des
systèmes différents se sont présentés à cet égard[1].
Cherchons, s'il est possible, à fixer quelques principes qui puissent servir de guide au milieu de ces
controverses.

[1] Voyez Forster, *De interpretatione*, lib. 2, cap. 2, §§
2, 3, 4. — Thibaut, *Theorie*, §§ 19, 20, 21. — Mailher
de Chassat, *Traité de l'interprétation*, liv. 2, §§ 106 et
suivants. — Glück, *Pandekten*, Band I, Seite 257.

On doit entendre par lois exceptionnelles celles qui, par quelque motif particulier, étranger aux principes généraux du droit positif, sanctionnent une disposition contraire au droit commun. De pareilles dispositions ne paraissent pas, en thèse générale, susceptibles d'être invoquées par analogie.

Ce genre d'argument repose, en effet : 1° sur la nécessité de trouver une solution qui ne peut être fournie directement par la loi. 2° sur la plus ou moins grande certitude avec laquelle les motifs de la loi conduisent à conclure que, si le Législateur eût prévu le cas à résoudre, il l'aurait soumis à telle disposition. Or, par cela même qu'une disposition est exceptionnelle, elle se trouve en face d'une règle générale qui, dans le plus grand nombre de cas, peut fournir la solution recherchée. Il faut en conclure qu'il est alors rarement nécessaire de recourir à l'extension par voie d'analogie[1].

Quant au second point, il faut reconnaître que l'interprète ne doit plus jouir de la même sécurité, lorsqu'il s'agit d'invoquer par analogie une disposition exceptionnelle. Il ne peut savoir, en effet, si le cas douteux qui se présente à lui n'a pas été sciemment soumis par le Législateur, au principe

---

[1] Voyez Savigny, *System*, Band I, Seite 293.

général, à l'application duquel il s'agirait de le soustraire.

Les principes généraux puisent leur force dans la sanction même qu'ils ont reçue, plus que dans les motifs sur lesquels ils reposent, ou paraissent reposer. Ils conservent donc en général leur empire, lors même que les motifs qui les ont fait admettre ne se présentent pas comme applicables dans tel ou tel cas particulier. Il faut en conclure qu'étendre, par simple motif d'analogie, une disposition exceptionnelle au delà des termes qui la renferment, ce pourrait être dans un grand nombre de cas corriger la loi, ce ne serait ni l'interpréter ni suppléer à son silence[1]. Il y aurait dans tous les cas deux choses à démontrer, savoir : 1° que, par suite de circonstances particulières, le principe général n'est pas applicable au cas particulier dont il s'agit ; 2° que ce cas rentre par analogie sous l'application de quelque disposition exceptionnelle.

Il faut ajouter que les motifs sur lesquels reposent les dispositions exceptionnelles ne sauraient avoir la même puissance d'extension que ceux qui sont liés avec l'ensemble des principes du droit[2].

---

[1] Thibaut, *Theorie*, § 22.
[2] Savigny, *System*, Band I, Seite 294.

Ces motifs sont généralement exceptionnels comme les dispositions auxquelles ils se rapportent.

Les principes que je viens d'exposer s'appuient sur l'autorité des jurisconsultes romains [1]. On les retrouve souvent énoncés dans les ouvrages de jurisprudence, et on les entend souvent répéter dans les luttes du barreau. Mais on remarque en même temps beaucoup de divergences dans les applications qui en sont faites. Voici quelques observations qui paraissent pouvoir servir de guide au milieu de ce conflit d'opinions diverses :

1° Il faut avoir soin de ne pas confondre l'interprétation proprement dite avec l'extension de la loi par voie d'analogie. Je m'expliquerai sur ce point dans la Section 4 de ce chapitre.

2° L'interprète doit se faire une juste idée de ce qu'il doit entendre par une disposition exceptionnelle.

---

[1] Digeste, *De legibus*, liv. 1, tit. 3, loi 4, et *De regulis juris*, liv. 50, tit. 17, loi 144 : « Quod vero contra rationem juris receptum est, non est producendum ad consequentias. » — Digeste, *De regulis juris*, liv. 50, tit. 17, loi 162 : « Quæ propter necessitatem recepta sunt non debent in argumentum trahi. »

Digeste, *De legibus*, liv. 1, tit. 3, loi 15 : « In his quæ contra rationem juris constituta sunt, non possumus sequi regulam juris. »

3° Il doit s'efforcer de bien saisir et de bien comprendre la portée du principe général auquel fait exception la disposition qu'il voudrait invoquer par analogie, et rechercher si le cas à résoudre rentre bien sous l'application de ce principe.

J'ai donné plus haut la définition de ce qu'il faut entendre par une disposition exceptionnelle. Je crois pouvoir conclure de cette définition, qu'il ne suffit pas, pour assigner un pareil caractère à une disposition légale, de l'avoir mise en présence de quelque principe isolé, mais qu'il faut au contraire la comparer avec l'ensemble des dispositions de la loi. Il peut s'élever entre deux principes de tels conflits, qu'une disposition qui paraît exceptionnelle, si on la compare à l'un, ne soit au contraire que la conséquence de l'autre, qui doit prédominer. C'est ainsi, par exemple, que si l'on compare la disposition de l'art. 1733 du Code civil avec les principes généraux sur la preuve, tels qu'ils sont indiqués dans l'art. 1315 du même Code, on est tenté de dire avec Duvergier [1], que cette disposition est exceptionnelle. Si on la rapproche, au contraire, de l'art. 1728 du même code, on n'y voit plus, avec Troplong, que la conséquence de ce der-

---

[1] *Du louage*. liv. 3, tit. 8, n° 411.

nier article, combiné avec les art. 1136 et suivants du même code.[1]

Quelquefois une disposition qui paraît au premier coup d'œil porter atteinte à tel principe, n'en est au contraire qu'un mode particulier d'application, rendu nécessaire par des circonstances spéciales. C'est ainsi, par exemple, que les art. 875, 1214, 2033 du Code civil paraissent porter atteinte au principe de l'art. 1251, n° 3, même code. La subrogation légale a lieu cependant dans les cas prévus par ces dispositions ; elle s'exerce seulement d'une manière particulière et moins complète, parce qu'il existe entre les personnes mentionnées dans ces articles des rapports particuliers qui justifient pleinement, en regard même du droit commun, le mode d'application que reçoit dans ces cas la subrogation légale. Le Législateur s'est proposé dans ces dispositions de conduire, tout en évitant un long circuit d'actions récursoires, aux mêmes résultats que ceux auxquels on serait arrivé en définitive en suivant la marche indiquée par le droit commun.

Je crois, en conséquence, que l'on peut soumettre à la règle énumérée en ces articles divers

---

[1] *Louage, ad* 1733 et 1734, n°ˢ 363 et suiv.

cas analogues et non prévus par la loi. Supposons, par exemple, que trois immeubles appartenant au même propriétaire soient tous hypothéqués pour la même dette, et soient ensuite vendus à trois acquéreurs différents. L'un de ces acquéreurs paie toute la dette. Aux termes de l'art. 1251, n° 3, déjà cité, il est subrogé aux droits du créancier contre les deux autres tiers détenteurs. Mais je pense que la dette totale devra être supportée par les trois acquéreurs, dans la proportion de la valeur que présente l'immeuble détenu par chacun d'eux, et que celui qui a payé ne pourra poursuivre les deux autres que jusqu'à concurrence de la part que chacun doit supporter d'après cette proportion [1].

Nous avons vu que l'article 1188 du Code civil qui statue que le débiteur ne peut plus réclamer le bénéfice du terme lorsqu'il a fait faillite, pouvait être considéré comme faisant exception à l'article 1134 d'après lequel les contrats sont la loi des parties, mais que d'autre part cette restriction de l'article 1134 était la conséquence juste et nécessaire des principes de la faillite qui doivent provoquer la liquidation des biens du débiteur. Il paraît par con-

[1] Zachariæ, *Cours de droit français*, tome 2, § 287. Tel est aussi le système qui paraît avoir présidé à un arrêt de la Cour de Toulouse, du 19 février 1827.

séquent difficile de voir dans cet article 1188 une disposition exceptionnelle proprement dite. C'est, comme nous l'avons dit, une disposition qui résulte d'un conflit de principes plutôt qu'une exception dans le sens ordinaire du mot, il semble donc possible d'étendre cet article au cas de déconfiture qui doit aussi amener une liquidation. Les discussions qui ont eu lieu au sein du Conseil d'Etat paraissent indiquer que c'est dans ce sens que l'article a été voté, et cette solution paraît généralement adoptée[1].

Nous verrons enfin, quand nous comparerons l'argument d'analogie avec la méthode d'induction, que telle proposition qui paraît exceptionnelle à première vue, peut cependant rentrer sous l'application et n'être que la conséquence d'un principe général, qui, bien qu'il ne soit pas directement exprimé dans la loi, n'en doit pas moins être admis par voie d'argumentation.

Une fois qu'il est établi que telle disposition forme une exception à tel principe, il faut encore, pour repousser l'argumentation par analogie, que le cas à résoudre ne soit pas tel qu'il ne puisse absolument pas rentrer sous l'application de ce prin-

---

[1] Voyez Locré, *Législation française*, sur l'article 1188. — Dalloz aîné, *Répertoire*, au mot *Obligations*, nº 1296.

cipe. Dans ce cas, en effet, l'existence de ce principe perd son importance pour la solution de la question.

Voici un exemple qui peut jeter quelque jour sur ce principe abstrait et qui nous montre en même temps l'argument d'opposition en lutte avec celui d'analogie.

L'article 503 du Code civil s'exprime ainsi : « Les actes antérieurs à l'interdiction pourront être annulés, si la cause de l'interdiction existait notoirement à l'époque où ces actes ont été faits. » On s'est demandé si une personne qui aurait été en état de démence, mais dont l'interdiction n'aurait pas été prononcée, pourrait demander l'annulation des actes qu'elle aurait faits dans cet état. L'article 503 ne traitant que des actes qui ont été suivis d'un jugement d'interdiction, on pourrait être tenté d'en conclure par argument d'opposition que les actes faits en état de démence ne peuvent pas être annulés, quand l'interdiction n'a pas été prononcée ; sauf la disposition de l'article 504 qui ne saurait s'appliquer en rien à l'hypothèse qui nous occupe. Le même genre d'argument paraît devoir conduire au même résultat par la combinaison des articles 1108, 1109, 1134, 901, 503 et 504.

Les articles 1108 et 1134 posent le principe d'après lequel l'engagement résulte du consentement, les articles 1109 et suivants n'indiquent que la violence, le dol et certains cas d'erreur comme causes de nullité du consentement. L'insanité d'esprit ne se trouve pas énoncée au nombre de ces causes ; on ne la trouve mentionnée comme telle que dans les articles 901, 503 et 504 se rapportant à des cas où il y avait des motifs spéciaux d'admettre la nullité. On pourrait être tenté de conclure de ce rapprochement que l'insanité d'esprit ne peut être une cause de nullité que dans les cas particuliers où elle a été spécialement énoncée comme telle. Cette série de raisonnements a quelque chose de spécieux à la forme, mais elle perd son importance quand on cherche à pénétrer au fond des choses. De ce que le Législateur a trouvé convenable d'énoncer dans certains cas l'insanité d'esprit comme une cause plus ou moins absolue de nullité, il n'en résulte pas nécessairement que cette nullité ne puisse être admise que dans les cas spécialement indiqués comme devant ou pouvant y donner lieu. Les cas non prévus doivent être régis par les principes généraux sainement interprétés. Or il est impossible de voir un consentement véritable dans un acte émanant d'une personne insensée ; le principe contenu aux articles 1108 et 1134 paraît donc inapplicable.

Ces cas d'insanité d'esprit paraissent, par conséquent, n'être soumis à aucun principe général. En prononcer la nullité d'une manière absolue ne paraît pas possible, aucun texte n'autorisant à le faire, et le Législateur ayant manifesté une intention contraire pour des cas où une pareille nullité aurait pu se justifier plus facilement ; les reconnaître comme valides d'une manière absolue répugne à la raison et n'est exigé par aucun texte. Ce qui paraît en définitive le plus conforme à la raison et à l'esprit de la loi, c'est d'accepter l'article 503 comme devant en général régir ces actes par analogie.

La disposition de cet article est un compromis équitable entre le droit et l'intérêt de l'insensé et le droit et l'intérêt des personnes qui ont traité avec lui. Les diverses considérations qui l'ont fait admettre paraissent réclamer une disposition semblable comme devant régir les cas spéciaux qui nous occupent, sauf les modifications qui paraissent exigées par la différence des faits. Le jugement d'interdiction est une très-forte présomption de démence antérieure ; on pouvait par conséquent autoriser, dans le cas où un pareil jugement est intervenu, l'annulation des actes faits à une époque où la cause de l'interdiction existait notoirement. Cette partie de l'article paraît devoir être sans application quand il n'y a pas eu d'interdiction prononnoncée, il faudrait par conséquent exiger, pour que la nullité pût être prononcée dans ce cas, la preuve que l'acte a été fait précisément dans un moment d'insanité d'esprit, et que la personne qui traitait avec l'insensé en a eu ou a dû en avoir connaissance. C'est dans ce sens que cette question paraît généralement résolue[1].

Je ne dois pas terminer ce qui tient à ce sujet sans présenter une observation qui me paraît importante. Il ne résulte pas de ce que les dispositions exceptionnelles ne sont pas, en général, susceptibles d'être invoquées par analogie, qu'elles doivent toujours être prises dans le sens le plus restreint, et ne jamais être invoquées en dehors des termes qu'elles renferment. Si l'on trouve manifestée quelque part dans la loi l'intention du Législateur de soumettre un cas à une disposition dans les termes de laquelle il ne se trouve pas compris, cette extension doit avoir lieu, bien qu'il s'agisse d'une disposition exceptionnelle. L'analogie elle-même, se combinant alors avec une question d'interprétation proprement dite, peut être invoquée pour manifester plus clairement la volonté du Lé-

[1] Voyez sur cette question Dalloz aîné, *Répertoire, Interdiction*, n° 212. — Demolombe, n°s 660 et 661.

gislateur. L'exemple suivant peut jeter quelque jour sur cette observation.

L'article 663 du Code civil s'exprime ainsi : « Chacun peut contraindre son voisin, dans les villes et faubourgs, à contribuer aux constructions et réparations de la clôture faisant séparation de leurs maisons, cours et jardins assis ès dites villes et faubourgs, etc. » — On s'est demandé si l'article serait applicable dans le cas où l'un de ces héritages ou tous deux seraient bornés du côté où doit se faire la clôture, non par une maison, une cour ou un jardin, mais bien par un passage. La Cour de cassation s'est prononcée pour l'affirmative par arrêt du 27 novembre 1827. L'art. 663 paraît bien manifestement exceptionnel, le principe général étant celui de la liberté laissée à chaque propriétaire d'user comme il l'entend de sa propriété. Mais l'intention de la loi est manifestement d'économiser dans les villes la place et les frais de construction de clôtures qui paraissent très-désirables dans de pareilles localités. Ce motif de la loi est manifestement applicable à un passage, comme à une maison, une cour ou un jardin, et en présence de cette intention bien manifeste de la loi, il est difficile de ne pas comprendre le passage dans l'expression de cour, ou comme accessoire dans celle de maison, cour et jardin. Ce n'est pas étendre la loi, c'est l'interpréter.

Cette volonté du Législateur qui peut dans certains cas autoriser l'extension d'une disposition exceptionnelle, ce n'est pas seulement l'analogie qui peut la faire connaître ; elle peut se manifester par d'autres moyens d'interprétation. C'est ainsi que la Cour de cassation a jugé que les articles 299 et 302 du Code civil sont applicables en matière de séparation de corps (Arrêts des 23 mai et 17 juin 1845). L'analogie ne serait ici que bien incomplétement applicable, mais la volonté du Législateur paraît se manifester plus clairement par d'autres considérations.

Il ne suffit pas d'ailleurs pour qu'une disposition soit considérée comme exceptionnelle qu'elle se trouve énoncée dans une matière exceptionnelle. C'est ainsi que la Cour de cassation a, par arrêt du 22 janvier 1840, jugé que les art. 542 à 545 du Code de commerce sont applicables en matière de succession bénéficiaire et de déconfiture. Ces dispositions paraissent en effet n'avoir pas d'autre but que de faire, en matière de faillite, l'application des principes généraux qui régissent les engagements solidaires ; elles peuvent par conséquent servir d'exemples pour l'application de ces mêmes principes à d'autres matières.

Passons maintenant à l'examen des lois introductives d'un droit nouveau, et cherchons quel rôle
peut jouer l'analogie, comme moyen d'en étendre
les dispositions au delà des termes qui les énoncent.

Ces lois abrogent complétement l'ancien droit ou
ne font qu'y déroger. Dans la première hypothèse,
elles peuvent être invoquées par analogie, comme
toute autre loi, puisqu'elles se substituent à l'ancien
droit qui cesse d'exister.

Dans la seconde hypothèse, il faut distinguer :
si le cas à résoudre rentre sous l'application des
lois anciennes non abrogées, il doit être régi par
ces dernières. Il semble, en effet, que les deux conditions essentielles pour justifier l'argument d'analogie ne se réalisent pas dans ces circonstances :

1° Il n'y a pas nécessité de trouver un supplément aux dispositions textuelles, le droit ancien
conservant son empire pour tous les cas qui ne lui
ont pas été soustraits par la loi nouvelle.

2° Le Législateur doit être censé connaître les
dispositions du droit en vigueur, et l'on ne doit pas
facilement supposer qu'il ait omis de mentionner
d'une manière explicite les changements qu'il voulait y apporter. Il en résulte que l'extension par
analogie ne saurait mériter la même confiance que
s'il s'agissait de lois ordinaires.

La règle que nous venons d'exposer doit naturellement recevoir exception, lorsque la difficulté se complique d'une question d'interprétation proprement dite. Elle doit s'appliquer d'une manière plus ou moins rigoureuse, suivant que l'ancien droit s'exprime plus ou moins clairement sur les cas au sujet desquels s'élève la contestation.

Les lois qui dérogent au droit ancien ne sont pas naturellement exceptionnelles et sont en elles-mêmes aussi susceptibles que les lois ordinaires de recevoir une interprétation extensive. Il résulte de cette circonstance que si le cas à résoudre ne se trouve prévu textuellement ni par les lois anciennes, ni par le droit nouveau, il ne sera pas nécessaire, avant de le soumettre à celui-ci, d'avoir épuisé tous les moyens de le faire rentrer sous l'application de celles-là.

Le droit ancien et le droit nouveau, coexistant ensemble, doivent être considérés comme ne formant qu'un seul corps, soumis aux règles ordinaires de l'interprétation.

On considère généralement les lois pénales comme n'étant pas susceptibles d'extension par analogie, et l'article 4 du Code pénal paraît appuyer cette doctrine. Il faut toutefois excepter le cas où l'extension serait favorable à l'accusé. Si d'une part la volonté du Législateur ne peut justifier l'infliction d'une peine que dans les cas où cette volonté s'est exprimée textuellement et expressément de manière à ce qu'il soit facile à chacun d'y conformer sa conduite ; d'autre part, il ne paraît pas possible de justifier l'infliction d'une peine que le Législateur n'a très-probablement pas voulue ou de l'infliger plus forte qu'il ne l'a voulue. C'est ainsi que, malgré la rubrique sous laquelle se trouve l'art. 66 du Code pénal, la Cour de cassation a déclaré cet article applicable aux simples contraventions. (Arrêt du 20 janvier 1837.)

Ces principes restrictifs de l'analogie seraient-ils applicables en droit civil, à ce qu'on appelle les lois rigoureuses, par où l'on entend généralement les lois qui prononcent quelque déchéance ou quelque incapacité ? On l'a souvent prétendu ; mais il est difficile de soumettre ces cas à des principes généraux. Cette distinction même paraît difficile à soutenir d'une manière absolue, car souvent, ce qui est rigoureux pour l'un est pour l'autre un moyen de protection et de garantie.

Tout ce que l'on peut dire, c'est que si ces lois sont d'une nature exceptionnelle, l'emploi de l'analogie est soumis, quant à elles, aux restrictions que nous avons exposées plus haut ; et que, si l'extension d'une loi viole l'équité, celle-ci peut y mettre obstacle en tant qu'elle peut faire supposer que cette extension n'entre point dans les vues du Législateur. *Benignius leges interpretandæ sunt, quo voluntas earum conservetur*, dit la loi 18 au Digeste (*De legibus*, liv. 1, tit. 3). Nous aurons à revenir plus tard, dans notre titre IV, sur l'importance de l'équité en matière d'interprétation.

SECTION IV.

De l'analogie considérée comme moyen d'interprétation proprement dite.

Nous avons vu que l'analogie peut être invoquée, non-seulement pour suppléer au silence de la loi, mais encore pour résoudre les difficultés qui résultent de textes obscurs.

L'obscurité d'un texte peut provenir :

1° De ce que le sens grammaticalement exprimé est indéfini, c'est-à-dire de ce qu'il peut être pris dans une acception plus ou moins étendue, et renfermer en lui-même un plus ou moins grand nombre de cas ou d'objets.

2° De ce que le texte ne présente par lui-même aucun sens complet.

3° De ce qu'il est amphibologique, c'est-à-dire

de ce qu'il peut être pris dans des acceptions plus ou moins différentes [1].

Il est certain qu'entre ces divers sens il faut choisir celui qui est le plus conforme à la volonté du Législateur. Car, comme le dit le jurisconsulte Paul, loi 3 au Digeste *De Rebus dubiis : In ambiguo sermone non utrumque dicimus, sed id duntaxat, quod volumus.*

C'est par l'ensemble des moyens d'interprétation et spécialement, quand il y a lieu, par l'analogie que ces obscurités du texte doivent être levées.

Lorsque le sens grammatical d'un texte est indéfini, l'interprète peut, pour le déterminer, s'appuyer de deux manières différentes sur l'analogie.

1° Il commence par soumettre à la disposition qu'il étudie tous les objets et tous les cas auxquels elle paraît se rapporter grammaticalement, en donnant aux mots leur sens habituel. Quant aux cas et aux objets qui peuvent seulement y être soumis en donnant aux mots un sens plus ou moins exceptionnel, il les fait rentrer sous l'empire de cette disposition s'il y a identité de but et de motifs. C'est ainsi, par exemple, que le Code civil em-

[1] On peut consulter à cet égard la loi 67 au Digeste *De Regulis juris* et les commentaires de Dantoine et de Jaques Godefroy sur cette loi.

ploie dans un grand nombre d'articles l'expression
de tuteur. Cette expression n'est pas exclusive du
protuteur, qui doit être nommé conformément à
l'art. 417 du Code civil ; elle ne le renferme pas
non plus nécessairement et dans son acception la
plus usuelle. Il faudra faire rentrer ce protuteur
sous l'application de ces divers articles dans les
cas où les motifs et le but qui les ont dictés lui seront applicables aussi bien qu'au tuteur proprement
dit. Les articles 457, 464, 465, 467, 469 et autres
paraissent devoir, sans aucun doute, régir son administration. L'art. 468 ne paraît pas lui être applicable, parce que le protuteur est préposé à la
tutelle de certains biens plutôt qu'à celle de la personne du pupille.

2° L'analogie peut, en second lieu, servir à fixer
un sens indéfini, par l'intermédiaire d'une autre
disposition dont le sens est plus clairement déterminé. Par exemple, l'art. 1721 du Code civil dispose qu'il est dû garantie au preneur pour tous les
vices ou défauts de la chose louée qui en empê-
chent l'usage. Les auteurs se sont divisés relativement au sens qu'il faut donner à ces expressions.
Les uns n'admettent la garantie que dans les cas où
l'usage est rendu complétement impossible [1]. Les

[1] Merlin, *Répertoire.* V° *Bail*, § 6, n° 20.

autres l'admettent lorsque cet usage est seulement rendu plus incommode ou moins fructueux [1]. Cette dernière opinion paraît devoir être préférée. Les termes du texte ne lui sont point opposés, et la nature des choses conduit à les prendre dans le sens de l'art. 1641, qui traite de la garantie en cas de vente. Dans l'un et l'autre cas, en effet, il paraît y avoir les mêmes motifs de décider, le prix payé n'est que le corrélatif de la jouissance, et l'on voit d'autant moins de raison d'admettre une solution différente que l'art. 1641 paraît n'être que la conséquence logique des principes généraux régissant les obligations.

L'art. 475 du Code civil fournit un autre exemple de cette méthode d'argumentation. Il dispose que toute action du mineur contre son tuteur relativement aux faits de la tutelle, se prescrit par dix ans à partir de la majorité. On s'est demandé si cet article est applicable au mineur lorsqu'il agit pour réclamer la somme que son tuteur a reconnu lui devoir, dans le compte de tutelle. Les auteurs se

[1] Duvergier, *Louage*, liv. III, tit. 8, chap. 2, n° 339. Telle paraît être aussi l'opinion de Troplong, qui renvoie à l'art. 1641 du Code civil, et à son commentaire sur la vente, *Louage*, n° 196. — Dalloz aîné, *Louage*, n° 187 et suivants, paraît hésiter entre les deux doctrines.

sont généralement prononcés pour la négative par argument des art. 2271 à 2274 du Code civil [1]. Il y a, en effet, identité de motifs. Dans tous ces cas, le règlement de compte et la reconnaissance de devoir qui le suit, doivent opérer une novation quant aux moyens d'action, puisqu'il surgit alors un nouvel élément de droit, et cette novation doit rendre inapplicables les courtes prescriptions établies par ces articles, parce que ces courtes prescriptions s'appliquent aux faits primitifs et non à la reconnaissance qui vient les corroborer et les sanctionner. Une pareille solution n'a, par conséquent, rien de contraire au texte de l'art. 475 qui, en parlant des faits de tutelle, paraît avoir en vue les actes de gestion et non l'engagement résultant de la reddition du compte définitif.

S'il se présente un texte dont le sens soit incomplet par lui-même, on peut y suppléer par des dispositions qui se rapportent à des cas analogues.

L'art. 1576 du Code civil dispose que la femme a l'administration de ses biens paraphernaux ; il ne définit pas ce que doit comprendre cette adminis-

---

[1] Proudhon, *Cours de droit français*, p. 246 et suiv. — Toullier, t. II, n° 1276. — Duranton, t. III, n° 643. — Vazeille, *Prescription*, n° 577. — Demolombe, *Tutelle*, n° 158. — Dalloz aîné, *Minorité*, n° 678.

tration. M. Dalloz[1] paraît renvoyer avec raison, pour en compléter le sens, aux divers articles qui traitent de l'administration et spécialement aux articles 1449 et 1538, qui se rapportent au cas où la femme est séparée de biens.

S'il se rencontre enfin quelque texte amphibologique, l'interprète peut s'appuyer sur l'analogie, en cherchant s'il ne se trouve pas dans la loi quelque disposition qui se rapporte à un sujet analogue, et dans laquelle le Législateur se soit plus clairement exprimé.

L'art. 173 du Code civil dispose, par exemple, que le père, et à défaut du père, la mère, et à défaut de père et mère, les aïeuls et aïeules peuvent former opposition au mariage de leurs enfants et descendants. Ces expressions « à défaut » peuvent être prises en trois sens différents. Elles peuvent signifier : si le père est mort, s'il ne forme pas opposition, ou bien s'il est dans l'incapacité de manifester son intention. Mais si l'on compare entre eux les art. 149, 150 et 173 du Code civil, l'analogie qui existe entre ces divers cas prouve que ces dispositions doivent s'interpréter les unes par les autres, et qu'il faut entendre notre article dans le

[1] *Contrat de mariage*, n° 4246. — Troplong, *ad* 1576.

dernier des trois sens indiqués ci-dessus. C'est aussi ce qu'ont fait les auteurs [1].

On peut reconnaître une double base au pouvoir d'accorder ou de refuser son consentement à un mariage projeté et à celui d'y former opposition. Cette double base se trouve dans l'intérêt de la personne qui est investie de ces pouvoirs et dans l'intérêt du futur époux auquel ces pouvoirs se rapportent. Au premier point de vue, ces pouvoirs constituent un droit individuel et égoïste qui, s'il était seul, devrait persister dans la personne qui en est investie lors même que cette personne serait incapable de l'exercer. Au second point de vue, ces pouvoirs sont plutôt une fonction qu'un droit. Cette fonction, constituant une sorte de magistrature qui s'exerce dans un tout autre intérêt que celui de la personne qui en est investie, doit, si cette dernière est incapable de l'exercer, passer en d'autres mains capables de sauvegarder l'intérêt qu'il s'agit de protéger. C'est parce que la fonction l'emporte sur le droit que le Législateur a formulé la règle énoncée aux articles 149 et 150. Il semble que le même motif se présente avec plus de force encore quand il s'agit du droit de former opposi-

[1] Toullier, *Mariage*, n° 584. — Dalloz aîné, *Mariage*, n° 260. — Zachariæ, *Droit civil français*.

tion. L'opposition est impuissante par elle-même pour empêcher le mariage ; elle n'y parvient que s'il y a un empêchement légal ou si les retards qui en résultent donnent aux futurs époux le temps de changer de volonté. A ces deux points de vue, le droit de former opposition au mariage tient beaucoup plus de la fonction que celui d'accorder ou de refuser son consentement, parce que la volonté individuelle et par conséquent l'intérêt individuel y jouent un rôle beaucoup moins actif et beaucoup moins influent.

La convenance de recourir à l'argument d'analogie est beaucoup plus controversée quand il s'agit de rechercher si l'article 477 du Code civil, qui se rapporte à l'émancipation, doit s'interpréter dans le sens des articles 149 et 150. Outre que le cas d'émancipation présente moins d'urgence que celui du mariage, la question se complique ici d'un intérêt égoïste résultant de l'usufruit légal que l'art. 384 accorde au père ou à la mère du mineur non émancipé. C'est moins sur des arguments d'analogie que sur l'article 2 du Code de commerce que certains auteurs s'appuient pour étendre l'art. 477 précité hors le cas de décès du mari. On peut consulter sur cette controverse M. Dalloz aîné, *Minorité*, n° 77. — Demolombe, n°ˢ 205 et suivants.

L'analogie, considérée comme moyen d'interprétation proprement dite, repose sur les mêmes principes et se régit, en général, par les mêmes règles que lorsqu'elle sert à suppléer au silence de la loi. Elle est cependant plus intimement liée dans le premier cas aux autres procédés d'interprétation, parce que le texte qu'il s'agit d'élucider doit nécessairement être pris en considération.

C'est là un nouvel élément qui doit nécessairement avoir de l'influence sur la convenance de recourir à l'argument d'analogie, cette convenance devant se restreindre ou s'élargir, suivant la tendance qui se manifeste d'une manière plus ou moins apparente dans le texte qu'il s'agit d'interpréter.

Nous avons vu que les dispositions pénales, les dispositions exceptionnelles et dans certains cas les dispositions introductives d'un droit nouveau n'étaient généralement pas susceptibles de s'étendre, au delà de leurs termes, par l'argument d'analogie. Les motifs de ces restrictions ne sont pas applicables, ou tout au moins le sont à un moindre degré, lorsque l'analogie ne doit servir que de moyen d'interprétation proprement dite. Ces motifs sont, ainsi que nous l'avons vu : 1° L'absence de nécessité de recourir à un pareil procédé d'argumentation extensive, le cas à résoudre pouvant rentrer sous l'empire des principes généraux du droit ancien ou de l'article 4 du Code pénal. 2° Les doutes qui naissent sur l'intention du Législateur, et qui proviennent de ce qu'on ne peut pas facilement admettre qu'il ait omis de mentionner expressément, soit les exceptions, soit les dérogations qu'il voulait introduire. Ici, l'interprète se trouve en présence d'un texte obscur dont le sens doit nécessairement être éclairci. Il ne peut donner une préférence exclusive, ni aux principes généraux, ni aux dispositions du droit ancien, puisque la question est précisément de savoir quelle est l'étendue des exceptions ou des dérogations que le Législateur a manifesté l'intention de leur faire subir. C'est cette intention qui doit prévaloir, comme règle, et l'analogie peut en manifester la portée, lors même qu'il s'agit de dispositions exceptionnelles ou dérogatoires. C'est ainsi que les auteurs soumettent, sans hésiter, à l'hypothèque légale constituée par l'art. 2121 du Code civil, les biens du tuteur officieux, et ceux du protuteur mentionné dans l'art. 417 du même Code. L'analogie qui existe entre ces deux classes d'administrateurs et les tuteurs proprement dits, doit faire admettre que les premiers sont comme les derniers compris dans les expressions de l'art. 2121, parce que le texte ne les exclut pas et que le but et les motifs qui ont dicté ce texte leur sont également applicables [1].

Persil et Dalloz, tout en repoussant, comme contraire aux principes, l'extension que quelques auteurs ont voulu faire de l'art. 2102, n° 3 du Code civil, aux sommes avancées pour l'amélioration de la chose, accordent le privilége mentionné dans cette disposition aux sommes prêtées pour payer les avances faites pour la conservation de la chose. Ils exigent seulement par analogie de l'art. 2103, n°s 4 et 5 du Code, que la destination du prêt ait été mentionnée dans l'acte d'emprunt [2]. Il s'agit, en effet, dans ce cas, non pas d'étendre au delà de ses termes la disposition de l'art. 2102, n° 3, mais de rechercher quelle doit être la portée de ces expressions : « les frais faits pour la conservation de la chose. »

Nous voyons encore que M. Troplong refuse à l'échangiste le privilége que lui accordent quelques auteurs pour la garantie de l'immeuble qu'il reçoit

---

[1] Persil, *Régime*, ad 2121, n°s 33 et 37. — Duranton, t. XIX, n°s 309, 310, 316. — Dalloz, *Répertoire*. Mots *Privilége et Hypothèque*, n° 1024. — Troplong, *Hypothèques*, t. II, n° 425. — Grenier, *Hypothèques*, t. I, n° 275.

[2] Persil, *Régime*, ad 2102, § 3, n°s 1 et 2. — Dalloz, *Répertoire*, Mots *Privilége et Hypothèque*, n°s 310 et 319.

13

en contre échange et lui accorde cependant ce privilége pour la soulte qui peut lui être due. Il voit
là une question d'interprétation de l'art. 2103, n° 1
du Code civil. L'art. 2103 parlant de prix, on peut
comprendre dans le sens de ces mots la soulte due
en cas d'échange. Cette soulte apparaît, en effet,
comme prix de la mieux value de l'un des immeubles ; mais il serait plus difficile d'assimiler
complétement au prix de vente l'obligation de garantir l'immeuble remis en contre-échange [1].

Il ne faudrait, cependant, pas conclure de ce qui
précède que le caractère exceptionnel d'une disposition ne doit jamais être pris en considération,
lorsqu'il s'agit d'interprétation proprement dite. Il
résulte de l'autorité que la nature des choses as-
signe aux principes généraux, que dans le doute,
le sens qui leur est conforme doit être préféré. Mais
l'analogie, étant elle-même un élément de convic-

[1] Troplong, *Hypothèques*, n°s 200 bis et 215. On peut
consulter sur cette question : Dalloz aîné, *Privilége*, n°s
429 et suivants — Arrêt de la Cour de cassation du 26
juillet 1852, affaire Gremillin. — Persil, *Régime*, ad
2103, § 1, n° 14. — Grenier, t. II, n° 387. Pour l'extension générale du privilége en faveur de l'échangiste, on
argumente principalement de l'art. 1707 du Code civil.
Il se présente donc encore ici une question d'interprétation proprement dite.

tion, ne doit point cesser d'exercer son influence, lorsqu'il s'agit d'interpréter une disposition exceptionnelle et douteuse. Elle doit seulement, dans ce cas, être employée avec plus de prudence et faire moins facilement adopter un sens plutôt qu'un autre.

SECTION V.

De l'argument par similitude de motifs ou par motifs supérieurs. Des rapports de l'analogie avec ces arguments, avec la méthode d'induction et avec l'argument d'opposition.

Ce que nous avons dit de l'analogie doit nous aider à comprendre plus facilement d'autres espèces d'arguments dont les principes justificatifs ont beaucoup de rapports avec elle.

On s'est demandé si l'on peut argumenter d'un cas à un autre cas quand il existe entre eux similitude, et non identité de motifs [1].

Si par motifs semblables on entend les mêmes motifs inégalement applicables, on se trouve encore en présence de l'analogie proprement dite, et il ne s'agit que de degrés divers dans la convenance de recourir à ce genre d'argument et dans la

[1] Voyez Thibaut, *Theorie der logischen Auslegung,* § 17. — Mailher de Chassat, *De l'interprétation,* § 98, et partie supplémentaire, § 33, édition de 1835.

certitude des résultats auxquels il conduit. Si au contraire il s'agit de motifs qui ne soient pas les mêmes, mais qui se ressemblent en ce sens qu'ils paraissent devoir conduire aux mêmes résultats, ce n'est plus l'analogie telle que nous l'avons définie ; c'est, si l'on veut, une analogie au second degré, qui ne saurait avoir la même importance et conduire à des résultats aussi certains que ceux que l'on peut obtenir par la première. Dans le cas de l'analogie proprement dite, c'est dans la loi même qu'il s'agit d'élucider ou d'étendre que l'interprète puise ses motifs de décision ; dans le second, il les cherche soit dans le droit naturel, soit même quelquefois dans des dispositions légales qui ne sont pas celles dont il s'agit, et qui ne sont que très-indirectement en rapport avec elle.

Il n'est pas possible de repousser d'une manière absolue ce mode de procéder, parce que dans le doute, en présence de l'article 4 du Code civil, aucun motif de décision ne doit être négligé ; il faut reconnaître toutefois que ce genre d'argument a moins d'importance que celui qui résulte de l'analogie proprement dite, parce que c'est en général beaucoup moins directement dans la loi qu'il puise ses motifs de décision.

La loi avant tout, puis après elle les différents

procédés d'argumentation dont chacun doit obtenir le degré d'importance que lui donnent ses rapports plus ou moins directs avec elle; tel me paraît être, comme je l'ai déjà dit, le principe général qui doit dominer toute interprétation juridique.

Les mêmes considérations paraissent admissibles quand il s'agit d'un autre genre d'argument qui présente aussi de grandes ressemblances avec l'analogie, et que l'on désigne généralement sous le nom d'argument par motif supérieur, ou *argument a fortiori* [1].

On se demande si l'on peut soumettre à telle disposition légale certains cas douteux, quand les motifs de le faire paraissent plus forts que ceux qui se rapportent aux cas mêmes qui ont été textuellement prévus par cette disposition.

Si par motifs plus forts on entend les mêmes motifs plus complétement ou plus évidémment applicables, nous sommes encore en présence de l'analogie proprement dite. Nous en avons vu un exemple au sujet de la combinaison des articles 173-149 et 150 du Code civil.

[1] Mailher de Chassat, *Traité de l'interprétation des lois*, § 104 et suivants. — De Saint-Albin. *Logique judiciaire*, chap. 3, § 9. — Muhlenbruch, *Doctrina pandectarum*, § 62, n° 15 ; § 64, n° 8. — Thibaut, *Theorie der logischen Auslegung*, § 17, Seite 77.

Si l'on entend au contraire par ces mots d'autres motifs qui paraissent plus concluants, on se trouve en présence d'un autre genre d'argument qui, de quelque nom qu'on le décore, a moins d'importance que l'analogie, parce que c'est moins directement dans la loi qu'il tire ses moyens de décision.

Voici un exemple destiné à faire comprendre et apprécier à leur juste valeur ces deux derniers modes d'argumentation.

L'article 1731 du Code civil s'exprime ainsi : « S'il n'a pas été fait d'état des lieux, le preneur est présumé les avoir reçus en bon état de réparations locatives, et doit les rendre tels, sauf la preuve contraire. »

On se demande si cet article est applicable à l'usufruitier, et à l'héritier présomptif envoyé en possession des biens d'un absent.

Le motif ou tout au moins le motif principal de cette disposition légale se trouve dans l'article 1720 du même code ainsi conçu : « Le bailleur est tenu de délivrer la chose en bon état de réparations de toute espèce. Il doit y faire, pendant la durée du bail, toutes les réparations qui peuvent devenir nécessaires, autres que les locatives. » Il était naturel de supposer d'une part que le locataire aurait fait usage des droits que lui donne cet article;

d'autre part, que le propriétaire se serait conformé aux engagements qui en résultent en ce qui le concerne. La présomption admise par l'article 1731 se trouve ainsi complétement justifiée. Cet article 1731 serait-il applicable à l'usufruitier? Le motif principal échappe complétement; l'usufruitier doit prendre les choses en l'état où elles se trouvent (Code civil, article 600). Il n'y a pas de motifs de supposer qu'il les a reçues en bon état.

D'autre part, l'usufruitier ne peut, aux termes du même article, entrer en jouissance « qu'après avoir fait dresser, en présence du propriétaire, ou lui dûment appelé, un inventaire des meubles, et un état des immeubles sujets à l'usufruit. » On se demande si cette obligation qui lui est imposée est un motif suffisant pour lui faire l'application de l'art. 1731.

Ce motif n'est pas le même que celui qui résulte de l'art. 1720; et sans vouloir lui refuser sa juste part d'importance, il faut reconnaître qu'il en a moins que ce dernier, parce qu'il est puisé moins immédiatement dans la loi et dérive moins directement de la nature des choses [1].

---

[1] Voyez, dans le sens de l'extension, un arrêt de la Cour de Nancy du 28 novembre 1824. — Proudhon, *Usufruit*, n° 795.

Quant à l'héritier présomptif qui se fait envoyer en possession provisoire, il doit, comme l'usufruitier, prendre les choses en l'état où elles se trouvent; il n'est pas comme lui tenu de faire dresser un état des immeubles, mais il peut y faire procéder pour sa garantie, aux termes de l'art. 126 du Code civil.

Les motifs tirés, soit de l'article 1720, soit de l'article 600, ne lui sont pas applicables, mais on peut trouver qu'il y a des motifs plus puissants de lui faire l'application de l'art. 1731. Ces motifs peuvent être puisés dans l'article 126 lui-même, qui, en déclarant que l'héritier présomptif peut pour sa sûreté faire dresser un état des immeubles, semble par cela même indiquer que si l'héritier ne faisait pas procéder à cette opération, il serait censé avoir reçu les immeubles en bon état, et dans la circonstance que l'absent n'étant pas là pour veiller à la conservation de ses droits, comme peuvent le faire le bailleur et le propriétaire, il y a lieu d'y pourvoir à sa place.

Ces motifs paraissent en effet plus puissants que ceux qui sont invoqués à l'égard de l'usufruitier, mais ils ne paraissent cependant pas avoir la même force que celui qui résulte de l'article 1720, malgré la présomption d'intention qui peut résulter des termes de l'article 126 ; car ce n'est après tout qu'une présomption plus ou moins discutable[1].

Il n'est peut-être pas superflu d'ajouter que ce que nous venons de dire sur l'importance inférieure des deux modes d'argumentation que nous venons de comparer à celui qui est basé sur l'analogie, ne saurait en aucune façon s'appliquer aux cas où l'extension d'une disposition particulière a lieu parce que cette disposition n'est que la conséquence d'un principe général énoncé dans la loi. Ici l'extension n'est qu'apparente, et ce qui a lieu en réalité, c'est l'application directe du principe supérieur, la disposition spéciale servant au plus d'exemple ou de direction. C'est un tout autre genre d'argument dont nous avons parlé ailleurs.

Nous venons d'étudier l'argument *a fortiori* sous une forme qui le rapproche beaucoup de celui qui est basé sur l'analogie. Ce genre d'argument se présente en effet fort souvent sous cette forme. Il consiste à remonter aux motifs sur lesquels repose la disposition qu'il s'agit d'invoquer, à comparer ces motifs à ceux qui doivent régir les cas auxquels il s'agit d'étendre cette disposition, et à démontrer que ces derniers sont plus forts et plus importants

[1] La majorité des auteurs s'est prononcée dans le sens de l'extension. Dalloz aîné, *Répertoire, Absent,* n° 281.

que les premiers et doivent conduire aux mêmes
résultats, soit à la même disposition.

Ces trois modes d'argumentation que nous venons d'examiner, soit l'analogie proprement dite,
ce que nous avons appelé l'analogie au second degré, et l'argument *a fortiori* sous la forme que
nous venons d'exposer, sont à un certain point de
vue trois espèces d'un même genre, puisqu'ils
s'appuient sur le but et les motifs de la loi, et ils
doivent, par conséquent, être en général soumis
aux mêmes règles ou à des règles assez semblables.

L'argument *a fortiori* se présente fort souvent
sous une autre forme qui, en apparence tout au
moins, diffère beaucoup de celle que nous venons
d'esquisser. On répète souvent avec la loi 21 au
Digeste, *De regulis juris*, liv. L, tit. 17 : Qui peut
le plus peut le moins.

Ce genre d'argument paraît assez spécieux, et
le droit romain en offre d'assez nombreuses applications [1].

---

[1] Digeste, *De regulis juris*, lois 21, 26, 110, 156,
§ 1, 163, 165.— Digeste, *De donationibus*, loi 7, § ult.
liv. 39, titre 5. — Digeste, *De in integrum restitutio-
nibus*, liv. 4, tit. 1, loi 7. — Loi 76 au Digeste, *De re
vindicatione*, liv. 6, tit. 1. — Loi 5, 1, *De in litem ju-*

Les deux formes sous lesquelles apparaît l'argument *a fortiori* sont-elles complétement distinctes l'une de l'autre, de manière à former deux modes d'argumentation soumis chacun à des règles spéciales? N'est-ce pas au contraire au fond le même argument, et ne doit-il pas, sous ces deux formes, être régi par les mêmes principes ?

Ce sont là des questions qu'il faut absolument résoudre, si l'on veut arriver à quelques résultats satisfaisants à ce sujet.

Je n'hésite pas à déclarer que pour présenter des garanties solides, cet argument doit être soumis, sous cette dernière forme, à des règles semblables à celles qui le régissent sous la première.

On s'exposerait à bien des chances d'erreurs si, pour conclure de ce que tel acte est permis ou défendu, qu'il doit en être de même de tel autre, on se contentait d'étudier la gravité relative de ces actes considérés en eux-mêmes.

Il arrive très-souvent, én effet, que par des motifs très-plausibles, certains actes sont permis, quoi-

<hr>

rando, liv. 12, tit. 3. — Loi 7, § ult. Digeste, *De interdictis et relegatis*, liv. 48, tit. 22. — Loi 4, Digeste, *De senatoribus*, liv. 1, tit. 9. — Loi 5, Digeste, *De servis exportandis*, liv 18, tit. 7. — Loi 7, Codex, *de revocandis donationibus*, liv. 8, tit. 56.

que plus graves que d'autres qui sont défendus. Il
faut moins se préoccuper de la gravité de l'acte lui-
même, que de la gravité qu'il peut y avoir à l'autoriser ou à le défendre. Il faut par conséquent remonter aux motifs de cette autorisation ou de cette
défense. Nous retrouvons ici les mêmes principes
qui régissent l'argument sous sa forme précédente.

Quelques exemples suffiront pour justifier ces
observations, qui peuvent paraître au premier coup
d'œil assez abstraites. La donation est, en général,
considérée comme un acte plus grave que la vente
ou la cession. On est en général porté à admettre
que quiconque peut donner peut avec plus de raison vendre ou céder. C'est ce que déclare le droit
romain, précisément à l'occasion de l'espèce d'argument que nous étudions actuellement. La loi 163
au Digeste, *De regulis juris*, liv. L, tit. 17, déclare
en effet que celui qui peut donner peut vendre ou
céder. *Cujus est donandi, ejusdem et vendendi et
concedendi jus est.*

Je ne veux certainement pas contester que dans
une certaine mesure et à un point de vue vague et
général, cette proposition ne puisse être considérée
comme exacte. Mais il est certain qu'il serait dangereux de la prendre d'une manière trop absolue;
je peux m'appuyer à cet égard sur le Code civil,

L'article 1595 de ce code prohibe le contrat de vente entre époux, sauf quelques exceptions justifiées par des circonstances particulières. La donation est permise entre époux par le même code, elle est seulement révocable (Code civil, art. 1096). Nous voyons en conséquence que de ces deux actes, le plus grave est permis, sauf révocabilité, et le moins grave prohibé d'une manière absolue, sauf quelques exceptions, sans qu'il soit possible d'en conclure à une inconséquence du Code civil. Dans ces deux cas divers, le Législateur est préoccupé d'idées différentes. S'agit-il de ventes? il craint que les époux ne cherchent à dissimuler, sous cette forme, des avantages prohibés par la loi ; il la frappe par conséquent de nullité, sauf pour certains cas où elle peut s'expliquer naturellement par le but de régler les droits réciproques des époux. Ici c'est manifestement l'intérêt des héritiers qui le préoccupe. S'agit-il de donation? il est manifestement préoccupé de la nécessité de protéger les époux eux-mêmes contre les obsessions, ou même contre les moments d'exaltation momentanée auxquels ils peuvent être exposés, il croit satisfaire suffisamment à cette exigence en rendant les donations révocables.

On peut voir par cet exemple que si le Législateur n'eût statué que sur l'un des deux cas, il serait irrationnel de conclure de l'un à l'autre en conformité du principe adopté par le droit romain, et que pour faire de ce principe une application logique et rationnelle, il est indispensable de remonter aux considérations diverses qui ont agi sur l'esprit du Législateur.

La vente et la donation sont généralement plus graves que le simple cautionnement, ce dernier acte n'entraînant dans un grand nombre de cas aucun inconvénient pour la personne qui se laisse aller à contracter un pareil engagement.

Il n'en existe pas moins un assez grand nombre de législations qui, adoptant à cet égard le principe du senatus-consulte Velleien, refusent à la femme, même non mariée, la faculté de cautionner sans certaines autorisations, et lui laissent cependant une plus grande liberté quant aux actes d'aliénation. (Code civil sarde, art. 2054 et suiv. Loi genevoise du 30 janvier 1819 moins générale.)

Ici c'est précisément le peu de danger que le cautionnement présente en apparence, qui le rend périlleux, et c'est ce péril que le Législateur a spécialement en vue dans la prohibition qu'il croit devoir adopter.

Ici encore, il serait dangereux de conclure d'un

cas à un autre, parce que ces différents cas sont
régis par des considérations très-différentes.

Le testament est manifestement un acte d'une
grande importance, il a certainement plus de gravité qu'un acte de simple administration. Ce dernier ne peut compromettre que la jouissance de
la chose pendant un temps qui ne peut être bien
long. Le mineur ne peut faire aucun acte d'administration, et peut cependant, aux termes de l'art.
904 du Code civil, disposer dès l'âge de seize ans
de la moitié des biens dont la loi permet au majeur de disposer. L'art. 1095 du même code s'exprime en outre de la manière suivante : « Le mineur ne pourra, par contrat de mariage, donner à
l'autre époux, soit par donation simple, soit par donation réciproque, qu'avec le consentement et l'as-
sistance de ceux dont le consentement est requis
pour la validité de son mariage, et avec ce consentement il pourra donner tout ce que la loi permet à
l'époux majeur de donner à l'autre conjoint. »

La loi exige cependant des garanties bien plus
compliquées pour des actes qui ont en général bien
moins d'importance (Code civil, art. 457 et suiv.).
Il n'y a là toutefois aucune inconséquence, parce
qu'il s'agit d'actes fort différents et qu'il serait impossible de soumettre aux mêmes règles.

La fortune du mineur peut être gérée par le tuteur agissant pour les actes les plus importants, sous le contrôle des différentes garanties instituées par la loi. Mais le testament repose trop sur les sentiments personnels du testateur pour qu'il eût été possible de confier au tuteur le soin de faire un pareil acte comme représentant le pupille. Il aurait également été difficile d'entourer de garanties suffisantes un pareil acte fait par le tuteur.

Le testament ne doit d'ailleurs ressortir ses effets qu'au décès du mineur dont l'intérêt personnel se trouve ainsi hors de cause. Restait l'intérêt de la famille ; la loi y a pourvu par les limites qu'elle a imposées à cette faculté de tester, et l'article apparaît comme une transaction entre divers intérêts et diverses exigences.

L'hypothèque n'est qu'une aliénation éventuelle (Code civil, art. 2114 et suiv.) ; elle paraît par conséquent un acte moins grave, en lui-même, qu'une aliénation actuelle et certaine.

On s'est demandé si les immeubles dotaux pourraient être hypothéqués dans le cas d'un contrat de mariage portant réserve de les aliéner. (Code civil, art. 1557.)

L'hypothèque peut, à la rigueur, être comprise dans le sens le plus général du mot aliéner. Mais ce sens étendu n'est pas celui que ce mot reçoit le plus usuellement. Pourra-t-on recourir à l'argument *a fortiori* pour justifier l'interprétation la plus large? Oui, si l'on s'arrête à la superficie des choses ; non, si l'on pénètre plus à fond dans l'appréciation de leur importance réelle.

La faculté d'hypothéquer peut être beaucoup plus dangereuse que celle d'aliéner ; précisément parce que l'hypothèque n'est qu'une aliénation éventuelle, on peut facilement y consentir par légèreté, dans l'espérance qu'il n'en sera pas fait usage.

On s'est demandé si, aux termes de l'article, il serait permis aux époux de stipuler dans leur contrat de mariage la faculté d'hypothéquer les immeubles dotaux? La question se rattache au même genre d'argument. Il s'agit en effet de savoir si le mot aliénation, employé dans l'art. 1557, doit être entendu dans un sens général.

La nature des choses paraît justifier ici le sens général ; ce sens est le plus conforme à la liberté des conventions qui doit en principe prévaloir dans les cas où le texte laisse quelque latitude d'interprétation. Les époux, libres de ne point adopter le régime dotal, ont dû pouvoir y apporter telles restrictions qu'il leur a paru convenable. (Code civil, art. 1387 et suiv.)

La loi procède habituellement par voie de disposition générale, sauf aux parties à déclarer leur volonté d'une manière plus précise.

L'hypothèque n'est d'ailleurs, pas plus que l'aliénation proprement dite, incompatible avec le régime dotal, et l'on ne comprendrait pas pourquoi le Législateur l'aurait prohibée d'une manière absolue. C'est à la prudence des parties qu'il appartient de prévenir les dangers qui pourraient en résulter.

Ces considérations diverses expliquent suffisamment comment ces deux questions ont pu être résolues dans un sens différent [1].

Si nous voulons rechercher quels sont les rapports qui existent entre l'analogie et l'induction, nous trouvons que ces deux méthodes se ressemblent en ce que l'une et l'autre partent du particulier pour arriver au général, et que l'une et l'autre peuvent servir soit comme moyen d'interprétation proprement dite, soit comme moyen de suppléer au

[1] Ces questions, et diverses autres qui s'y rattachent, ont été l'objet de longues controverses entre les auteurs et de nombreuses variations dans la jurisprudence. On peut lire dans le Répertoire de M. Dalloz aîné, *Contrat de mariage*, n°ˢ 3552 et suivants, un résumé volumineux de cette polémique et l'indication de nombreux arrêts de la Cour de cassation.

silence de la loi. Mais elles différent par la nature des résultats auxquels elles conduisent. Ce ne sont pas des principes généraux tout formulés que l'analogie tire de l'étude des cas particuliers, ce ne sont que de simples éléments de décision. Les principes mis en évidence par l'induction ressortent en général les mêmes effets que s'ils eussent été directement et explicitement énoncés dans la loi, sauf les différences que nous avons indiquées plus haut.

Les éléments sur lesquels s'appuie l'analogie ont quelque chose de beaucoup plus abstrait; ils ne se formulent pas en principes, et leur application doit être justifiée dans chaque cas particulier. Malgré ces différences, l'exclusion de l'induction entraîne souvent celle de l'analogie. Dans un grand nombre de cas, en effet, l'interprète se trouve, dès que l'induction lui échappe, en présence d'un principe opposé à la disposition qu'il voulait invoquer pour résoudre la question qui le préoccupe. Il en résulte que cette disposition se présente comme exceptionnelle, et ne saurait être invoquée par analogie. Si l'on voit, par exemple, avec Toullier, Dalloz et quelques autres commentateurs, se manifester, dans les articles 1141 et 2279 du Code civil, un principe général en vertu duquel il faut, pour acquérir des droits réels sur les objets purement mobiliers, être mis en possession de ces objets [1], ce principe, une fois trouvé, peut servir à résoudre par voie de conséquence, la question qui s'élève sur la validité d'une saisie faite par un créancier sur des objets mobiliers que son débiteur a vendus, et qu'il n'a pas encore livrés à l'acquéreur [2].

Si au contraire on croit devoir repousser cette induction, l'art. 1141 ne paraît plus qu'une disposition particulière. Cet article doit même être considéré comme faisant exception à l'art. 711 du même Code, aux termes duquel la propriété se transfère par l'effet des conventions, d'où résulte que l'argument d'analogie doit être repoussé.

L'analogie et l'induction s'appuient quelquefois réciproquement. Cela arrive toutes les fois qu'un principe, qui ne se manifeste que d'une manière indirecte dans la loi, se trouve avec un principe textuellement énoncé dans des rapports tels que les motifs qui ont fait admettre le dernier, justi-

---

[1] Toullier, *Contrats*, n° 205 du tit. 3, chap. 3. — Dalloz aîné, *Obligations*, n°s 697 et suivants. — Troplong, *Vente*, n° 42.

[2] Troplong, *loco citato*. — Toullier, *Contrats*, tit. 3, chap. 5, n° 36.

fient également l'adoption du premier. Les deux genres d'argument se prêtent, dans ces cas, une force exceptionnelle, provenant de ce qu'ils concourent au même but. Il en résulte que chacun d'eux peut être plus librement invoqué et que l'on peut se départir, dans une certaine mesure, des conditions qui sont exigées lorsque chacun de ces deux arguments se présente isolément. Voici un exemple qui fera mieux comprendre cette observation :

L'art. 506 du Code civil statue que le mari est de droit tuteur de sa femme interdite.

Les motifs de cette disposition reposent sur des considérations de haute convenance et presque de nécessité ; il fallait éviter les conflits qui pourraient dans un autre système s'élever entre la puissance maritale et la puissance tutélaire. On s'est demandé si le mari doit être curateur de droit de sa femme mineure émancipée par le mariage.

La solution affirmative paraît d'abord s'appuyer fortement sur l'analogie ; il paraît en effet y avoir les mêmes motifs de décider dans l'un et dans l'autre cas.

L'analogie serait cependant difficilement invocable si elle se présentait comme seul argument à l'appui de cette solution. D'abord elle n'est pas complète. En cas de tutelle, il y a un subrogé tuteur qui contrôle la gestion du tuteur ; il en résulte une garantie qui échapperait en cas de curatelle, le mari devant alors agir sans contrôle dans l'étendue de ses pouvoirs de curateur. On peut ajouter que la solution affirmative ferait exception à l'art. 480 du même Code, qui indique ou paraît indiquer le curateur comme devant être nommé par le Conseil de famille, et ce serait là un motif de renoncer à l'argument d'analogie.

L'art. 2208 s'exprime de la manière suivante dans son paragraphe dernier : « En cas de minorité du mari et de la femme ou de minorité de la femme seule, si son mari majeur refuse de procéder avec elle, il est nommé par le Tribunal un tuteur à la femme, contre lequel la poursuite est exercée. » Il en résulte que l'expropriation des immeubles de la femme mineure doit se poursuivre contre la femme et le mari. Si on combine cette disposition avec l'art. 482 du même code, on voit que c'est en qualité de curateur que le mari doit agir dans le cas prévu en l'art. 2208, car il n'y apparaît aucun autre curateur.

Nous voyons donc se manifester ici, d'une manière indirecte et par une de ses conséquences, un principe qui n'est pas textuellement énoncé ; c'est bien un cas d'induction.

Cet argument d'induction serait cependant très-contestable s'il se présentait seul, parce qu'il ne s'appuierait que sur un seul article. Mais comme il s'agit en définitive de rechercher quelle a été la volonté du Législateur, et que cette volonté paraît se manifester par deux genres d'arguments, il est impossible que ces deux arguments ne se prêtent pas un appui réciproque, ce qui paraît justifier suffisamment la solution affirmative[1].

Nous retrouvons ici l'observation générale que nous avons présentée au début de ce travail, c'est qu'il faut toujours autant que possible soumettre chaque question au contrôle des divers genres d'argumentation.

Quant à l'argument d'opposition, il procède précisément à l'inverse des arguments tirés de l'induction et de l'analogie.

L'induction fait ressortir les principes de leurs conséquences, lui les fait ressortir de leurs exceptions.

L'analogie s'appuie sur une communauté de but et de motifs, lui s'appuie au contraire sur une opposition ou tout au moins sur une différence de

---

[1] Voyez Dalloz aîné, *Répertoire, Minorité*, n° 792. — Demolombe, *Minorité*, etc., n° 233.

motifs. A ce point de vue, ce genre d'argument se
rapproche beaucoup de l'argument d'analogie, en
ce que l'un et l'autre tendent à faire reconnaître la
nécessité de rechercher dans tous les cas quels sont
le but, les motifs et l'esprit de la loi.

TITRE IV.

DE L'ÉLÉMENT PHILOSOPHIQUE DE L'INTER-PRÉTATION.

Le mot philosophie est pris dans des acceptions assez diverses qui paraissent, cependant, spécialement en ce qui concerne le sujet dont nous nous occupons, pouvoir se ramener à trois sens principaux.

On désigne par le mot philosophie tantôt un ensemble de sciences se rapportant plus spécialement à la nature religieuse, intellectuelle et morale de l'homme, tantôt une manière particulière d'étudier un sujet déterminé en cherchant à ramener ce sujet aux principes supérieurs qui le dominent et à systématiser par ce moyen les connaissances que l'on acquiert à son égard ; c'est dans ce sens que l'on dit souvent la philosophie de l'histoire, la philosophie du droit, indiquant ainsi la méthode et les ten-

dances avec lesquelles on aborde tel sujet d'étude.
On entend enfin très-souvent par philosophie de telle
science les résultats mêmes auxquels on arrive par
cette méthode et ce genre particulier d'étude. Ici
encore, nous retrouvons la philosophie du droit ou
droit naturel dans le sens que nous avons indiqué
dans notre introduction.

Le droit naturel a, comme nous l'avons vu, spécialement pour objet l'étude de l'homme considéré comme être social ; il doit, par conséquent,
s'occuper principalement de la nature morale de
ce dernier, puisque, comme nous l'avons déjà dit,
le droit et la morale ont, dans la conscience, une
base commune et un point de départ commun.

Nous avons vu que c'est dans les lois qui régissent la nature intellectuelle de l'homme qu'il faut
chercher la base de ce que nous avons appelé l'élément logique et systématique de l'interprétation.
Nous avons vu que l'interprète devait nécessairement admettre comme principe que, sauf preuve
contraire, le texte à interpréter doit être considéré
comme logiquement régulier.

Une présomption semblable doit-elle être admise
comme base de l'élément philosophique de l'interprétation ? Le Législateur doit-il être censé avoir
adopté sur chaque sujet les dispositions les plus

rationnelles et les plus sages ? Quelle doit être à cet égard l'importance des convictions individuelles de l'interprète ?

Ces questions s'imposent nécessairement à notre examen, et pour en faciliter la solution, nous ne les étudierons qu'en vue de notre droit positif et spécialement en vue du Code civil.

L'action du droit naturel sur l'application du droit positif doit beaucoup varier, suivant la nature de ce dernier. Naturellement très-étendue quand il s'agit d'un droit positif qui trouve son principal développement dans le droit coutumier, elle doit nécessairement se restreindre beaucoup partout où prévaut l'action législative.

Nous pourrions répéter ici, au sujet du droit romain, des observations semblables à celles que nous avons présentées à l'occasion de l'argument d'analogie. Le droit naturel a joué dans le développement, dans l'application et dans l'interprétation du droit romain un rôle plus considérable que celui qu'il est possible de lui assigner dans l'état actuel de notre droit.

Nous sommes placés sous l'empire d'une législation codifiée, c'est-à-dire d'un ensemble de lois réunies et combinées systématiquement, de manière à se compléter et à se suppléer réciproquement.

Un Code doit, dans l'intention de son auteur, résoudre toutes les questions se rapportant aux matières qui s'y trouvent traitées. Quant aux matières spéciales qui n'ont pas été comprises dans les Codes, elles sont régies par des lois particulières, ou par l'ancien droit tel qu'il a été maintenu par la loi du 30 ventôse , an XII, c'est-à-dire toujours par des dispositions de droit positif.

On se demande quelle importance une pareille législation peut laisser au droit naturel, soit à la philosophie du droit.

Nous n'avons pas à nous préoccuper ici de cette importance en ce qui concerne le développement du droit par l'action législative. C'est, comme nous l'avons vu, une grave et difficile question que celle de savoir quelle importance le Législateur doit accorder d'une part à ses opinions individuelles, et d'autre part au courant général d'idées qui prédominent sur la matière, au sujet de laquelle il s'agit de donner une loi.

Nous n'avons pas non plus à faire ressortir ici l'importance de l'étude du droit naturel comme moyen de développer l'intelligence, ni même à insister sur l'importance toute spéciale qu'une pareille étude doit nécessairement avoir pour le jurisconsulte. Il est bien certain que plus on a étudié soi-même un sujet quelconque, plus facilement on peut comprendre ce qui est dit ou écrit sur ce sujet, même sous l'impression d'idées fort divergentes, et que, par conséquent, plus on aura étudié le droit naturel, plus on aura approfondi les nombreuses exigences auxquelles la loi est tenue de satisfaire, mieux on comprendra le sens et la portée de législations positives [1].

Nous reviendrons plus tard sur ce dernier avantage que présente l'étude du droit naturel ; mais, nous devons avant tout, comme nous l'avons déjà dit, nous occuper de ce qui se rapporte directement aux questions d'interprétation.

Si nous nous arrêtions à la superficie des choses, nous serions tentés de déclarer, sans hésitation et d'une manière absolue, que s'agissant d'appliquer et d'interpréter une loi positive n'émanant en aucune façon de l'interprète, celui-ci doit faire complétement abstraction de ses opinions individuelles, sur la manière dont il lui aurait paru le plus convenable de régler les rapports ou les institutions régies par cette loi.

---

[1] On peut consulter à ce sujet le titre 1er des Pandectes qui commence par ce fragment tiré d'Ulpien : *Juri operam daturum priùs nosce opportet unde nomen juris descendat. Est autem a justiciâ appellatum ; nam ut eleganter Celsus definit : Jus est ars boni et œqui.*

Non-seulement le juge ne peut faire prévaloir son intelligence et sa volonté sur celles du Législateur toutes les fois que celui-ci s'est clairement exprimé ; mais encore la loi fût-elle muette ou obscure, l'interprète ne pourrait y suppléer, en prononçant absolument de la même manière qu'il l'aurait fait s'il eût été le Législateur.

Quelle que puisse être la sagesse des opinions individuelles de l'interprète, il ne pourrait les adopter même comme moyen subsidiaire de décision, dans le silence ou l'obscurité de la loi, sans entrer dans un système d'anarchie, d'incohérence et même d'iniquité.

Il y aurait anarchie, parce qu'il résulterait de ce procédé une lutte perpétuelle entre l'opinion individuelle de l'interprète et les conséquences plus ou moins éloignées, qu'une logique habile peut faire ressortir du texte de la loi.

Il y aurait incohérence dans l'application du droit, puisque celui-ci dériverait ainsi de sources différentes et bien souvent divergentes. Il y aurait enfin iniquité manifeste, les ressortissants de l'État ne pouvant être tenus de conformer leur conduite à des opinions individuelles qu'il leur serait complétement impossible de connaître d'avance.

Nous pouvons conclure de ce qui précède, non-seulement qu'il faut respecter la loi quand elle s'est clairement exprimée, mais encore, qu'il n'est pas possible d'admettre le droit naturel ou la philosophie du droit comme devant revêtir, par eux-mêmes, une autorité subsidiaire en cas de silence ou d'obscurité du droit positif.

En est-il de même, quand il s'agit de les invoquer, non plus comme droit subsidiaire, mais bien seulement comme moyen d'interprétation, propre à faire pénétrer plus profondément dans la pensée du Législateur, à la manifester d'une manière plus complète, quelquefois même à l'étendre au delà du sens grammatical du texte ?

Cette question est tout autre que la première, et nous la trouvons généralement résolue dans un sens différent. Les auteurs invoquent constamment comme moyen d'interprétation ce qu'ils appellent le juste et l'utile ; l'équité leur paraît aussi un puissant argument ; or, ce ne sont là, au fond, que des manifestations du droit naturel, ou de la philosophie du droit.

Le droit romain se prononce à peu près dans le même sens, et nous trouvons dans le Code civil un art. 1158 ainsi conçu :

« Les termes, susceptibles de deux sens, doivent être pris dans le sens qui convient le plus à la ma-

tière du contrat.» Cet article fait manifestement appel à l'appréciation individuelle du juge sur la matière du contrat.

Le même principe est exprimé dans le droit romain, Digeste, *De regulis juris*, Liv. L, tit. 17, loi. 67 :

« *Quoties idem sermo duas sententias exprimit, ea potissimum accipietur quæ rei gerendæ aptior est.* »

Digeste, *De legibus*, Liv. I, tit. 3, loi, 19 :

«*In ambiguâ voce legis ea potiùs accipienda est significatio quæ vitio caret* [1].»

C'est de ce principe que dérive l'argument tiré de l'absurde dont il est souvent fait usage et qui produit généralement un grand effet.

Ce principe trouve sa justification dans la nature intellectuelle et morale de l'homme et paraît, par conséquent, applicable à l'interprétation de la loi.

Si nous considérons les choses superficiellement, nous voyons en général se manifester entre personnes différentes une grande variété et une grande

---

[1] Mühlenbruch, *Doctrina Pandectarum*, § 44. — de Saint-Albin, *Logique judiciaire*, § 16. — Delisle, *Principes d'interprétation*, t. I, p. 8 et suivantes, 242, 513, 532, 589. — Thibaut, *Theorie der logischen Auslegung*. Seite 49, § 14.

mobilité de sentiments et d'idées ; mais une observation plus approfondie nous fait découvrir sous cette surface mobile et variée un fond permanent et commun, résultant du type commun de la nature morale et intellectuelle de l'homme. C'est là que se trouvent la base de toute société et le principe de toute communication intellectuelle et morale. Ce fond commun de sentiments et d'idées est beaucoup plus étendu qu'il ne paraît à première vue, et c'est de lui que dérive l'importance du droit naturel, considéré comme moyen d'interprétation.

Le Législateur et l'interprète participant à ce type commun de l'humanité , le dernier peut espérer de retrouver en lui-même les sentiments et les pensées qui ont agi sur le premier.

L'interprète peut, en conséquence, se procurer de puissants motifs de décision, en soumettant au contrôle de sa raison et de sa conscience les institutions et les rapports, au sujet desquels sont intervenues les dispositions qu'il s'agit d'interpréter ou même d'invoquer d'une manière extensive.

Cette observation ne nous fournit pas seulement la justification de l'appel au droit naturel comme moyen d'interprétation, elle nous fournit en même temps les règles auxquelles ce mode d'argumentation doit être soumis.

Nous ne sommes que trop portés à supposer chez autrui des sentiments semblables à ceux qui nous animent, et les mêmes pensées que celles que nous suggère tel ou tel sujet. Cette confiance en la généralité de nos propres idées et de nos propres sentiments, a quelque chose de naturel et même d'instinctif ; nous devons nous appliquer à l'éclairer et à la restreindre plutôt qu'à l'exciter et l'étendre. Nous trouvons dans le droit romain un exemple bien remarquable de cette tendance de la raison individuelle à supposer à ses jugements un caractère de généralité et même de nécessité.

Nous avons déjà vu dans quel sens les Romains distinguaient un droit civil et un droit des gens. Ce dernier, *jus gentium*, qu'il ne faut pas confondre avec ce que l'on appela plus tard le droit international, nous est représenté comme dérivant, soit des législations positives de tous les peuples, soit des enseignements de la raison naturelle. Comme le fait observer M. de Savigny, les Romains ne pouvaient avoir la prétention d'affirmer que tel principe de droit était démontré par l'expérience être conforme au droit positif de tous les peuples. Une pareille vérification était impossible et ce devait être principalement dans les enseignements de la raison individuelle qu'était puisé ce prétendu droit universel. Le double caractère qui lui était assigné devait provenir précisément de ce que les Romains considéraient la raison humaine comme généralement identique à elle-même et comme devant partout conduire aux mêmes résultats. Ils admettaient toutefois que dans chaque peuple, des circonstances spéciales produisaient des dispositions particulières qui constituaient ce qu'ils appelaient le droit civil dans le sens indiqué ci-dessus.

Il faut ajouter que ce que l'on appelait raison naturelle devait se manifester avant tout d'une manière individuelle, et qu'il aurait été complétement impossible de la faire ressortir d'un examen comparatif des croyances, des sentiments et des idées de tous les hommes[1]. C'est cette même homogénéité de la raison qui peut servir de principe justificatif à l'élément d'interprétation qui fait l'objet de ce titre.

Ce genre d'argument présente cependant bien des dangers dans l'application, et ce n'est qu'avec la plus grande prudence qu'il faut y avoir recours, si l'on ne veut pas s'exposer à mettre ses propres idées à la place de celles du Législateur.

[1] Savigny, *System*, Band I, § 22. — *Gaius, Institutiones*, liv. I, § 1 et 189 ; liv. II, §§ 66, 69, 79. — Institutes, liv. I, tit. 2, *De jure naturali*, §§ 1 et 11. —Digeste, *De justiciâ et jure*, liv. I, tit. 1, loi 9, loi 44.

Malgré l'observation générale qui constate qu'il existe, dans une certaine mesure, un fonds commun, soit dans les facultés qui constituent la raison, soit même dans les solutions qui nous sont fournies par celle-ci sur un grand nombre de questions se rapportant au droit et à la législation ; il est manifeste que nous nous trouvons ici sur un tout autre terrain que lorsque nous avions à nous occuper de l'élément logique et systématique de l'interprétation. Nous étions alors en présence de règles dérivant directement de la nature des choses, des procédés même de l'intelligence, et pouvant, par conséquent, se formuler avec plus ou moins de précision, et revêtir un caractère d'autorité plus ou moins absolue. Ces règles ont quelque chose d'élémentaire et d'abstrait où elles puisent leur caractère de principes généraux.

Ce n'est plus directement en présence de règles ou de procédés de l'intelligence que nous nous trouvons ici, mais bien en présence de résultats souvent assez complexes. Telle question se présente et sur cette question telle solution nous apparaît comme équitable, comme rationnelle, comme satisfaisant aux diverses exigences du sujet. Jusqu'à quel point pouvons-nous conclure de ce fait que la même solution a été explicitement ou implicitement adoptée par le Législateur ?

Si cette solution dérivait d'une manière plus ou moins immédiate et nécessaire de la nature même du sujet et des facultés générales qui nous ont été données pour nous servir de guides et de moyens d'appréciation, nous pourrions, avec assez de certitude, répondre à cette question d'une manière généralement affirmative. Mais l'analyse nous fait facilement reconnaître que chaque solution, tout en dérivant des éléments que nous venons d'énoncer, reçoit l'influence d'autres causes plus ou moins accidentelles et dont l'action est, dans tous les cas, beaucoup moins générale. Le sujet, quoique le même pour tous, n'apparaît pas à tous sous le même aspect et d'une manière aussi complète, les facultés intellectuelles et morales, quoique ayant un fonds commun, n'ont pas toujours atteint le même degré de développement, leur action n'est pas toujours libre de toutes entraves, de toute idée préconçue, elles n'agissent pas chez tous et dans tous les instants avec la même énergie, avec la même force de concentration.

Quant à l'infaillibilité, ni législateurs ni interprètes ne peuvent y prétendre. Il y a, d'ailleurs, et il doit y avoir dans les lois quelque chose de relatif, se rapportant au caractère et au degré de développement de la nation qu'elles doivent régir ;

de telle sorte qu'en législation le bien absolu ne se rencontre nulle part et peut tout au plus exister comme idéal dans la pensée des philosophes.

Nous devons donc nous attendre à d'assez grandes divergences en pareille matière ; nous devons nous efforcer de rechercher dans quel cas il y a le plus de chances de rencontrer l'unité de pensées et de sentiments, et c'est avec une grande circonspection que nous devons procéder dans ces recherches.

La loi a souvent été taxée d'insuffisance ou d'imprévoyance et l'on a souvent cherché à la compléter par une argumentation compliquée et douteuse, pour satisfaire aux exigences de telle théorie qui peut être fortement justifiée comme telle, mais peut aussi ne pas avoir été adoptée par la loi, le Législateur s'étant peut-être placé à un tout autre point de vue. Je crois voir cette observation se confirmer à l'occasion des questions diverses soulevées par l'art. 485 du Code civil. Cet article statue que l'on peut priver du bénéfice de l'émancipation le mineur dont les engagements ont été réduits en vertu de l'article précédent. On peut se demander si c'est bien là le seul cas où le retrait de l'émancipation soit possible. On peut ne pas comprendre pourquoi cette émancipation ne pourrait pas être retirée dans les cas où il y aurait incapacité ou prodigalité et où les engagements du mineur n'auraient été maintenus qu'en considération de la bonne foi des tiers, ou parce que la réduction n'aurait pas été demandée. On peut se demander s'il est possible d'admettre que le Législateur qui protége, dans une certaine mesure tout au moins, la fortune du mineur émancipé, ne fournisse aucun moyen de retirer l'émancipation, quand le mineur profite de la liberté qu'elle lui confère pour se livrer à une conduite déréglée, ou pour se placer dans une position menaçante au point de vue de sa moralité. On peut encore se demander si, les engagements commerciaux du mineur émancipé n'étant pas susceptibles de réduction (Code civil, art. 487), il faudrait admettre qu'il n'y a aucun moyen de retirer l'émancipation, ou tout au moins la faculté de faire le commerce, au mineur qui se serait livré à de folles opérations. Dans le silence de la loi au sujet de ces questions, on est tenté d'admettre qu'il appartient aux tribunaux de statuer à cet égard et de prononcer s'il y a lieu de retirer l'émancipation, ou tout au moins le pouvoir de faire le commerce. C'est dans ce sens que se prononce M. Demolombe, *Minorité*, n⁰ˢ 346 et suiv. Malgré la grande autorité dont jouit à juste titre ce savant jurisconsulte, et malgré la force des considérations théoriques auxquelles il se livre, je crois qu'il est plus conforme à la volonté du Législateur de s'en tenir au texte de l'art. 485.

Ce système, qui a pour lui le texte de la loi, peut également s'appuyer sur des considérations théoriques d'une grande importance. On comprend que par l'art. 484, le Législateur soit venu au secours du mineur émancipé et que, quand la prodigalité ou l'incapacité du mineur a été révélée par un jugement statuant sur une contestation engagée par suite d'une demande en réduction, l'émancipation puisse être retirée. Mais une action directe, ayant pour but de solliciter le retrait de l'émancipation, en cherchant à démontrer la prodigalité, l'incapacité ou l'immoralité du mineur, serait un remède pire que le mal ; il faut surtout prendre en considération que de pareils procès s'élèveraient le plus souvent entre le père et le fils.

Si nous voulons maintenant chercher à établir quelques principes dirigeants qui puissent servir de guide en pareille matière, voici ce qui nous paraît résulter de ce que nous avons dit jusqu'ici de l'élément d'interprétation qui nous occupe dans ce moment.

1° Les convictions individuelles de l'interprète sur le droit naturel le conduiront d'autant plus sûrement à reconnaître le sens de la loi positive qu'elles dériveront plus directement de ce fonds commun d'idées et de sentiments dont nous avons constaté l'existence. Voilà pourquoi l'opinion d'un homme de bon sens, ayant quelque expérience du monde et des affaires, aura souvent plus d'importance en pareille matière que celle d'un savant solitaire, qui se sera forgé quelque système basé sur tout un échafaudage artistement combiné. Voilà pourquoi l'équité, la plus commune, la moins divergente et la plus spontanée des manifestations du droit naturel, joue un rôle aussi considérable en matière d'interprétation [1].

Les sentiments de pénible répulsion que nous éprouvons lorsque nous voyons les formules du

---

[1] Digeste, *De regulis juris*, liv. L, tit. 17, loi 90 : *In omnibus quidem, maxime tamen in jure civili æquitas spectanda est.* Loi 168 : *Rapienda occasio est, quæ præbet benignius responsum.* Loi 200 : *Quotiens nihil sine captione investigari potest, eligendum est quod minimum habeat iniquitatis.* Loi 18 au Digeste : *De legibus,* citée plus loin. — Mailber de Chassat, *Traité de l'interprétation,* § 122 et suivants. — Mühlenbruch, *Systema Pandectarum,* § 43. — Toullier, *Droit civil français,* t. I, n° 149. — Dalloz aîné, *Répertoire,* mot *Loi,* n°s 512 et 513. — Merlin. *Répertoire,* mot *Loi,* § 10, mot *Équité.* — Thibaut, *Theorie der logischen Auslegung,* § 14. D., Seite 49.

droit froisser l'équité, il est probable que le Législateur les eût éprouvées lui-même si la question spéciale qui nous préoccupe se fût présentée à son esprit. Le Législateur a participé à notre nature intellectuelle et morale, il est donc probable que ces rigueurs manifestes qui nous répugnent n'étaient pas dans son intention, et qu'en cherchant bien, nous finirons par trouver, dans la loi même, sainement interprétée, les moyens d'éviter ces résultats que repousse notre conscience. *Benigniùs leges interpretandæ sunt, quo voluntas earum conservetur*, dit le droit romain. (Loi 18 au Digeste, *De legibus*, liv. I, tit. 3.)

Il est certain qu'entre deux interprétations paraissant également conformes à la loi, celle qui est équitable doit être préférée à celle qui ne l'est pas, parce qu'il est très-probable que c'est la première et non la seconde qui est conforme à l'intention du Législateur.

L'histoire de la jurisprudence qui s'est formée depuis la promulgation du Code civil, suffirait au besoin pour démontrer que les sentiments d'équité ont souvent servi d'éclaireurs avancés pour conduire à la découverte du vrai sens de la loi. Il serait facile de citer bien des exemples de conquêtes ainsi faites par l'action de ces sentiments, qui ont fait reconnaître que, sans méconnaître ses principes, il est possible d'interpréter le droit dans un sens équitablement plus acceptable que celui qui se présentait à première vue. Ce sont de véritables conquêtes ; car il n'y a rien qui inspire des sentiments plus pénibles, qui jette plus d'insécurité dans l'esprit et qui donne une plus décourageante idée de la faiblesse humaine que de voir la loi, ce qu'il y a de plus respectable après les dogmes de la religion et les préceptes de la morale, conduire à des résultats que la conscience ne peut ratifier et dont l'immoralité s'empare pour en bénéficier.

Il est malheureusement impossible que le besoin d'éviter l'arbitraire, la nécessité de procéder par voie de dispositions générales, l'impossibilité de tout prévoir, et la grande difficulté de formuler d'une manière complétement satisfaisante, tant les principes que leurs exceptions, ne conduisent pas de temps en temps à de pareils résultats, qui ne seraient très-probablement pas entrés dans l'intention du Législateur, s'il eût pu les prévoir et les prévenir. Mais il y a lieu de se réjouir toutes les fois que le nombre apparent de ces cas vient à diminuer.

2° Les convictions individuelles de l'interprète auront d'autant plus d'importance comme moyen d'interprétation, qu'elles se rapprocheront davantage du milieu intellectuel et moral dans lequel s'est trouvé le Législateur lui-même. Nous retrouvons ici le principe que nous avons énoncé dès notre introduction et qui domine dans tout le cours de ces études : Les divers éléments d'interprétation ont d'autant plus d'importance qu'ils sont en rapport plus direct avec la loi elle-même. C'est ce que l'on a quelquefois appelé l'équité savante et c'est dans ce sens que s'exprime à cet égard le *Répertoire* de M. Merlin au mot *Équité* : « Quelque profond que soit un Législateur, il lui est impossible de prévoir tous les cas particuliers relatifs à la loi qu'il publie ; il faut que les juges, après en avoir bien pénétré l'esprit, trouvent dans leur équité le supplément à cette loi et qu'ils décident de leur chef, comme le Législateur lui-même aurait décidé [1]. »

Nous retrouvons la même pensée implicitement énoncée dans les art. 565 et 1135 du Code civil, où l'équité est indiquée comme moyen de décision. L'art. 565 s'exprime ainsi : « Le droit d'accession, quand il a pour objet deux choses mobilières appartenant à deux maîtres différents, est entièrement subordonné aux principes de l'équité naturelle. »

[1] Merlin, *Répertoire*, au mot *Équité*.

« Les règles suivantes serviront d'exemple au juge pour se déterminer, dans les cas non prévus, suivant les circonstances particulières. »

Cet article paraît devoir s'interpréter tout naturellement dans ce sens : Une pareille matière ne peut pas être soumise aux règles absolues du droit proprement dit. Elle est, par conséquent, subordonnée aux principes de l'équité naturelle. Voici comment, d'après ces principes, doivent être résolus un certain nombre de cas ; et les règles que nous allons formuler serviront d'exemples au juge pour se déterminer dans les cas non prévus, suivant les circonstances particulières.

Il semble résulter bien clairement de ce qui précède que, même en pareille matière où tout paraît subordonné aux circonstances particulières du fait, et où il est, par conséquent, impossible d'établir des règles générales, le juge n'en est pas moins tenu de suivre la trace qui lui est indiquée par le Législateur.

C'est la même idée qu'exprimait le Tribunat quand il disait à l'occasion de cet article : « La loi prévoit ce qu'il est possible de prévoir, et quant à ce qui n'est pas prévu, son esprit doit servir de boussole [1]. »

[1] Locré, *Législation*, sur 565.

L'art. 1135 s'exprime ainsi : « Les conventions obligent, non-seulement à ce qui y est exprimé, mais encore à toutes les suites que l'équité, l'usage ou la loi donnent à l'obligation d'après sa nature. »

Les termes mêmes de cet article et sa référence aux art. 1156 et suivants prouvent clairement que le sentiment d'équité, auquel il est fait appel en pareille circonstance, doit trouver son point de départ et les directions dont il a besoin, dans la nature du contrat, dans les termes qui l'ont exprimé et, pour tout dire en un mot, dans l'intention probable des parties.

Je ne crois pas, ou tout au moins, je ne me rappelle pas qu'aucune autre disposition du Code civil ait fait un appel direct à l'équité, ce qui donne à ces deux articles une grande importance comme exprimant la théorie du Code civil sur l'équité considérée comme élément d'interprétation.

L'art. 645 du Code civil s'exprime ainsi : « S'il s'élève une contestation entre les propriétaires auxquels ces eaux peuvent être utiles, les tribunaux, en prononçant, doivent concilier l'intérêt de l'agriculture avec le respect dû à la propriété ; et, dans tous les cas, les règlements particuliers et locaux sur le cours et l'usage des eaux doivent être ob-

servés. » C'est là un appel adressé non plus à l'é-
quité, comme dans les articles que nous venons
de citer, mais bien à la sagacité du juge, dans le
but de protéger et de sauvegarder l'intérêt de l'a-
griculture. C'est au fond un appel au droit naturel.
Mais il résulte des termes mêmes de l'article que
cette action du juge doit être subordonnée au droit
positif, puisque le juge doit avant tout se conformer
au respect dû à la propriété et faire l'application
des règlements particuliers et locaux. Nous retrouvons, par conséquent, ici le même principe.

Il s'agit d'ailleurs ici, comme dans l'art. 565, d'un
sujet tout spécial, où il était difficile de ne pas laisser quelque liberté au pouvoir discrétionnaire du
juge et d'établir des règles absolues.

Dans ce qui précède, je n'ai voulu ni rabaisser
l'importance de la philosophie du droit considérée
en elle-même, ni porter atteinte à son indépendance, en exigeant d'elle que pour satisfaire aux
exigences d'une bonne interprétation de la loi positive, elle s'approprie les principes sur lesquels
repose celle-ci.

Le but que j'ai voulu atteindre en constatant une
pareille graduation, quant à l'importance des convictions individuelles de l'interprète pour mieux
découvrir le sens de la loi positive, c'est de faire

ressortir aussi clairement que possible les principes sur lesquels repose ce genre d'argument, les
dangers qu'il peut présenter et les conditions auxquelles il faut le soumettre pour éviter ces dangers.

J'ai voulu aussi, par ce qui précède, m'achemi-
ner à manifester plus sûrement l'importance et, je
crois pouvoir dire, la nécessité d'une branche d'étude
qui, sans être la philosophie dans le sens restreint
du mot, ouvre cependant à l'esprit philosophique
une carrière où, sans renoncer à son indépendance
et sans rien perdre de sa dignité, il trouve une
source inépuisable de spéculations élevées et peut
rendre de nombreux et d'importants services, je
veux parler de la philosophie du droit positif.

Sous les formules en apparence bien abstraites
et bien froides qui s'ajoutent à la suite les unes des
autres pour former ce qu'on appelle un Code, il
y a toute une philosophie pour qui sait la découvrir. Mais il faut pour cela que ces formules s'animent de nouveau d'un souffle de vie, et c'est
principalement en lui-même que l'interprète doit
chercher les moyens d'arriver à ce résultat.

Ces formules, malgré leur froideur, sont œuvre
d'homme et doivent agir sur les intérêts les plus
graves des individus et des peuples ; il y a certaine-

ment là tout ce qu'il faut pour exciter au plus haut degré l'intérêt de quiconque voudra les étudier et en faire l'application. La source principale de cet intérêt se trouve dans la philosophie du droit, soit dans l'étude du droit naturel et dans l'étude philosophique du droit positif et de son histoire.

Qu'est-ce que la loi? Quel but doit-elle se proposer d'atteindre? A quelles exigences doit-elle se conformer? D'où provient la loi positive? Où puise-t-elle ses éléments? Comment se transforme-t-elle? Comment, en particulier, se sont formées les lois qui nous régissent? Quelles transformations ont-elles subies? Sous quelles influences ont-elles reçu leur dernière forme? Dans quel esprit ont-elles été conçues? Quelles sont leurs tendances? De quelle manière satisfont-elles aux exigences du droit naturel? En quoi méritent-elles l'approbation? En quoi pourrait-il convenir de les modifier?

C'est par cet ensemble d'études qui sollicitent au plus haut degré l'exercice de toutes ses facultés, que l'interprète peut pénétrer plus avant dans la pensée du Législateur, qu'il peut, pour ainsi dire, reconstituer cette pensée, la saisir tout entière dans son développement et dans son esprit, ce qui lui fournit les moyens de la reproduire ensuite avec plus de fidélité et de lui faire ressortir tous les effets et rien que les effets qui étaient dans l'intention de son auteur.

Cette philosophie du droit positif existe depuis longtemps ; nous en trouvons de beaux modèles dans les principaux commentaires de nos Codes. Aucune science ne peut contribuer plus efficacement au développement successif et rationnel du droit positif, aucune ne peut rendre plus de services au simple interprète de la loi ; mais il ne faut jamais oublier que la loi doit conserver toute son autorité, aussi longtemps qu'elle existe, que ce n'est que pour la mieux comprendre, ou pour la modifier régulièrement qu'il est permis de la juger ; le juge n'étant pas autorisé à lui substituer ses propres convictions et sa propre volonté.

Nous retrouvons ici, à l'occasion de cette science qui doit être le couronnement de nos études, tous les principes dirigeants que nous avons signalés dès le début de ce travail. Je m'estimerai heureux si, malgré l'insuffisance de mes moyens, j'ai pu réussir à jeter quelque lumière sur un sujet aussi important.

Je dois ajouter que, comme toutes les parties de la science sont unies par des liens organiques, cette philosophie du droit positif, qui s'appuie elle-même fort souvent sur les divers éléments d'interpréta-

tion que nous avons étudiés, leur sert fort souvent
d'auxiliaire. Elle est en particulier très-souvent,
comme nous l'avons dit, le moyen le plus efficace
de reconnaître le but et les motifs de la loi. Il est
vrai que c'est avant tout dans la loi elle-même qu'il
faut les chercher ; mais la loi n'étant généralement
pas motivée textuellement, c'est le plus souvent en
la soumettant au contrôle de considérations théoriques, sagement combinées avec les textes, que
l'on parvient à en connaître le but et les motifs. Ce
mode de procéder apparaît à chaque instant dans
les auteurs et dans les arrêts.

Ce serait peut-être ici le lieu d'exposer et d'étudier en détail un certain nombre de maximes ou de
sentences assez généralement désignées par l'expression technique de « brocards du palais. » Ce sont
des règles souvent invoquées dans les luttes judiciaires, comme principes dirigeants et comme motifs
de décision dans les cas douteux.

Une pareille étude, qui devrait nécessairement
entrer dans un grand nombre de détails, et se ramener à une théorie générale du droit naturel, serait peu d'accord avec les proportions et le but
principal de ce travail.

Ces maximes ne dérivent pas, d'ailleurs, toutes
de la même source. Il en est, il est vrai, un bon

nombre qui trouvent leur origine et leur justification dans les principes du droit naturel et spécialement dans les inspirations de l'équité. Mais il en
est d'autres, dont le principe se trouve dans les
règles de logique générale qui régissent la pensée.
D'autres enfin, et ce sont les plus importantes, ressortent par induction de la loi positive elle-même.
On trouvera donc, dans les différentes parties de
ce travail, les principes dirigeants les plus essentiels
pour apprécier ces diverses maximes dont l'étude
détaillée nous conduirait trop loin.

TABLE DES MATIÈRES.

LIBRAIRIE D'ERNEST THORIN.

BROCHER (Charles). Etude historique et philosophique sur la Légitime et les Réserves, en matière de succession héréditaire. 1 vol. in-8°. 7 50
Ouvrage couronné par l'Institut de France.

ACOLLAS (Em.), avocat, docteur en droit. Nécessité de refondre l'ensemble de nos Codes et notamment le code Napoléon, au point de vue de l'idée démocratique. Appendice contenant le Code de la Convention. 1 vol. in-8°. 3 »
— Manuel de Droit civil, cours élémentaire, à l'usage des étudiants. 3 forts vol. in-8°. 27 »

BOISTEL (Alph.), professeur agrégé à la faculté de droit de Grenoble. Cours élémentaire de droit naturel ou de philosophie du droit, suivant les principes de Rosmini. 1 vol. in-8°. 7 50
— Le droit dans la famille, études de droit rationnel et de droit positif. 1 vol. gr. in-8°. 6 »

DUCROCQ (Th.), professeur de droit administratif à la faculté de droit de Poitiers. Cours de droit administratif. 3° édit.; revue, corrigée, considérablement augmentée et mise au courant de la doctrine et de la jurisprudence. 1 fort vol. in-8°. 10 »

FOLLEVILLE (Dan. de), professeur agrégé à la faculté de droit de Douai. Considérations générales sur l'acquisition ou la libération par l'effet du temps. Essai sur le titre de la Prescription (art. 2219, 2223, 2224). Gr. in-8°. 3 »

GIDE (Paul), professeur agrégé à la faculté de droit de Paris. Etude sur la condition privée de la femme, dans le droit ancien et moderne, et en particulier sur le sénatus-consulte Velléien. 1 beau vol. gr. in-8° cavalier. 8 »
Ouvrage couronné par l'Institut de France.

GOUDOUSÈCHE, ancien chef d'institution. Manuel de morale et de politique populaires. 2° édition, 1 vol. in-12. 1 50

GROTIUS (Hugo). Le droit de prise (*de jure prædæ*), ouvrage entièrement inédit. Texte publié d'après le manuscrit autographe par M. Hamacker. 1 vol. gr. in-8°. 12 »

HÉROLD (F.), avocat au Conseil d'Etat et à la Cour de cassation. Le droit électoral devant la Cour de cassation. 1 vol. gr. in-8°. 6 »

LABATUT (Edmond), avocat, docteur en droit. Histoire de la Préture, sources du droit, attributions, procès civils et criminels, administration des provinces, l'Edit. 1 vol. gr. in-8°. 7 »

LESCARRET. Conférences sur l'économie politique, faites à Bordeaux et à Bayonne en 1866-67. 1 vol. in-12. 3 50

MITTERMAIER. Traité de la procédure criminelle en Angleterre, en Ecosse et dans l'Amérique du Nord, envisagée dans l'ensemble de ses rapports avec les institutions civiles et politiques de ces pays, et dans les détails pratiques de son organisation. Augmenté des additions de l'auteur, trad. de l'allemand par M. Chauffard, juge à Albi. 1 vol. in-8°. 9 »

PERROT (G.), doct. ès lettres, prof. à l'Ecole normale supérieure, etc. Essai sur le droit public d'Athènes. 1 vol. in-8°. 6 »
Ouvrage couronné par l'Académie française.